꿈을 찾는
진로 상담소

꿈을 찾는 진로 상담소

청소년을 위한
진로 탐색 프로젝트

신종원 지음

포르*체

I have a dream

"I have a Dream."

이 문장을 보면 여러 가지가 연상됩니다. 인권운동가의 연설 내용, 귓가에 익숙한 노래 가사 등이지요. 떠오르는 것 중에는 제 직업적 삶의 목표도 있습니다. 'Dream'이란 단어로 글을 시작하면서 '나는 어떤 꿈을 꾸었나?', '나는 어떤 꿈을 전하였나?'라는 생각을 해 봅니다.

저는 학창 시절 교육 관련 일을 하겠다고 진로를 정했습니다. 구체적이진 않았지만 세상에 기여하고 사명감 있는 일을 하고 싶었습니다. 고민 끝에 진로를 수학 선생님으로 정하고, 수학교육과에 진학해 공부했습니다. 대학교를 졸업하고 교원 임용시험을 준비하면서 낮에는 도서관에서,

밤에는 자취방에서 많은 생각을 했습니다. 수학이라는 과목을 잘하지도 못했던 내가 왜 수학교육 공부를 하고 있는지, 과연 교사가 되면 행복할지에 대한 고민도 했습니다.

결국 수학 교사로 일하게 되었지만 교사 생활을 오래 지속하지는 못했습니다. 짧게나마 수학 교사로 재직하면서 '나는 아이들은 좋아하지만, 수학에 재미를 느낄 수는 없구나.'라는 것을 깨달았습니다. 아마도 수업을 들어가는 저와 지겨운 수학 수업을 듣기 위해 준비하는 학생들이 같은 마음이었을 것입니다. 물론 재미를 떠나 최선을 다했습니다. 그렇지만 스스로도 수학에 재미를 느끼지 못하면서 학생들에게 수학이 재미있는 과목인 양 수업을 진행하는 자신을 보며 '나는 왜 이 자리에 존재하는가?'라는 성찰을 끊임없이 했던 기억이 있습니다.

짧은 방황 속에 여러 서적을 읽었습니다. 그때 평화운동가 이케다 다이사쿠의 소설 《신인간혁명》에서 "원점을 잊지 마라. 원점을 잊지 않으면, 인간이 나아가야 할 신념의 궤도를 상실하는 일은 없기 때문이다."라는 글귀를 읽었습니다.[*] 저는 스스로의 원점에 대해 사색하며 진정 바라

★   이케다 다이사쿠, 《신인간혁명》 제18권, 화광신문사, 2009

던 교육 일을 하기 위해 대학원 진학을 결정하였습니다. 석사 과정 중에는 상담이라는 분야에 우연치 않게 빠져 들었습니다. 나라는 사람을 통해 누군가가 힘을 얻어 가고, 자신 안에 갖춰진 보물을 찾아가는 모습을 보며 나의 가치를 조금이나마 발견할 수 있었습니다.

이 책은 여전히 직업을 통해 자신을 발견하고자 하는 소망을 가지고 의미 있는 삶을 살기 원하는 한 사람의 지극히 주관적인 이야기입니다. 이 책에 담긴 저의 작은 조언이 고단한 시간을 보내고 있는 여러분에게 잠시나마 여유를 줄 수 있다면 참 기쁠 것 같습니다.

2024년 11월 15일을 기억하며,
진로 상담사 신종원

목차

2장

상담사라는 새로운 길

3장

꼬깃꼬깃 고민 상자, 오픈!

4장

별을 향해 나아가자

1장

수학이 어려웠던
수학 선생님 이야기

크면 뭐가 되고 싶니?

　여러분은 꿈이 있나요? 있다면 어떤 꿈을 꾸고 있나요? 우리는 항상 꿈을 가지라는 이야기를 들으며 살아갑니다. 아주 어린 시절 제 꿈은 과학자였습니다. 과학을 좋아해서 과학자였냐구요? 절대로 그렇지 않습니다. 제 기억으로는 학창 시절 학교에서 진로 희망을 조사할 때, 50여 명쯤 되는 친구들 중 반 이상이 과학자 혹은 선생님을 적었고, 1~2명이 대통령이라는 직업을 써 냈습니다. 저도 과학자라는 꿈을 적어 내는 반 이상의 학생 중 하나였습니다. 지금 생각해 보면 왜 과학자가 꿈이었을까 싶습니다. 어쩌면 제가 알던 직업 중 가장 멋있어 보였기 때문에 아무 생각 없이 그렇게 정했던 것 같습니다.

장래 희망은 인간에게 어떤 의미일까요? 우리는 명절 때 오랜만에 만나는 친척분들께 "크면 뭐가 되고 싶니?"라는 질문을 듣곤 합니다. 제가 어릴 때에도 이 질문은 단골 질문이었습니다. '무엇이 되고 싶은가?'라는 질문은 시대가 바뀌어도 변하지 않는 질문일 것입니다.

과거 미국에서는 성(Last name)이 곧 직업을 의미했습니다. '베이커(Baker)'라는 성은 오랜 선조 중에 제빵사 직업을 가진 사람이 있고, '스미스(Smith)'라는 성은 선조 중에 대장장이 직업을 가진 사람이 있다는 의미였지요. 저 역시 선생님이라는 직업에 관심을 가지게 된 첫 번째 계기는 과학고등학교에서 학생들을 가르치던 외삼촌 덕분이었습니다. 지금은 예전처럼 가족의 일을 잇는 것이 당연한 시대는 아니지만, 여전히 의사나 변호사와 같은 전문직군에서는 부모나 친척 등의 직업이 되물림되는 경우가 많습니다. 의예과 진학을 원하는 학생들을 살펴보면 가족 중 현직 의사가 있는 경우가 많지요. 전문직은 경제적 보장이 되기에 전문직군에서 일을 하며 안정적인 삶을 맛 본 어른들이 자녀에게 자신의 직업을 추천할 수밖에 없겠다는 생각도 하게 됩니다.

과거에는 가족의 일을 이어 받는 것이 중요했습니다. 그래야만 가업을 이어 생계를 유지할 수 있었죠. 20세기 사회에서 교육이란 아이들의 성장 과정을 관리하며 다음 세대를 대체할 수 있도록 준비시키는 역할이었습니다. 그러나 21세기는 어떨까요? 21세기는 한 사람 한 사람의 정체성과 개성이 중요한 시대입니다. 당장 우리가 사는 물건들만 보아도 자신의 개성을 드러낼 수 있는 아이디어 상품이 많이 나오지 않던가요? 저는 여러분이 현재 어른들의 직업을 대체할 거라고는 생각하지 않습니다.

진로 자료를 찾다 보면 어떤 직업은 미래에 전망 있는 직업이고, 어떤 직업은 미래에 사라질 직업이라고 말합니다. 직업이라는 분야의 미래 전망은 누가 정하는 걸까요?

18세기 말, 산업 혁명과 기계의 등상으로 일자리 변화를 겪은 영국의 직물 근로자들은 생계를 위협하는 기계를 부수고 책임자를 공격하는 러다이트운동*을 펼쳤습니다. 18세기 말 영국의 직물 근로자들은 자신의 직업이 기계로 사라지게 될지 몰랐겠지요. 하지만 러다이트 운동도 변화를 막지는 못했습니다. 기계를 부순 것이 무색하게 현대 사

★   러다이트운동: 1811~1817년 영국의 중부·북부의 직물 공업 지대 근로자들이 산업 혁명에 반대하며 일으켰던 기계 파괴 운동

회의 사람들은 전기와 정보통신 기술, 인공지능 등 기계뿐 아니라 수많은 인터넷 기술과 함께 살아갑니다.

우리나라의 공무원도 비슷합니다. 경제가 크게 불안했던 1997년 IMF 이후로는 많은 사람이 안정적으로 돈을 벌 수 있는 공무원이라는 직업에 매력을 느꼈습니다. 그러나 지금의 청년은 월급이 적은 공무원에 큰 매력을 느끼지 못합니다. 시대가 변하며 사람들의 생각도 변한 것이죠.

우리는 예측할 수 없는 사회 속에서 살아가고 있습니다. 이 사회에서 살아가기 위해선 어떻게 해야 할까요? 19세기 근로자들이 일자리를 지키기 위해 투쟁했던 것처럼 우리도 변화를 막아야 할까요? 아니면 적응하며 앞서가야 할까요?

직업이란 시대의 변화를 따라갈 수밖에 없습니다. 어쩌면 직업의 역사가 곧 인간의 역사이며 시대를 반영한 모습일 것입니다. 지금 어른인 사람들의 시대와 여러분의 시대는 다릅니다. 아무리 시대를 막론하고 모두에게 존경받는 직업이 있다고 하더라도, 사라지는 직업이 있고 새롭게 생겨나 많은 사랑을 받는 직업도 있습니다. 여러분의 시대를 가장 잘 아는 것은 어른들이 아닌 여러분입니다.

진로에 대한 고민을 가졌다면 시대라는 전체적인 큰 그림을 그릴 수 있어야 합니다. 직업이 나무라면, 꿈이라는 숲과 사회라는 하늘을 바라봐야 하지 않을까요?

어려운 문제, 내가 도와줄게!

　제가 고등학생이던 시절에는 성적에 맞춰 대학에 진학하는 것이 일반적이었습니다. 그때는 학생부 종합 전형이라는 제도도 없었기에 저 역시 꿈도 없이 성적만 가지고 막연하게 전공을 선택해야 했습니다. 이따금 학교에서 진로 심리 검사를 실시하면 선생님, 성직자, 사회복지사 등 타인에게 봉사하는 직업이 빠지지 않고 등장하긴 했지만 반드시 이루고 싶은 꿈은 아니었습니다.

　그랬던 제가 선생님이 되어야겠다고 결심하게 된 결정적 순간이 있습니다. 고등학교 수학 수업이 끝난 뒤였습니다. 한 친구가 전교에서 성적으로 열 손가락 안에 드는 친구에게 문제를 모르겠다며 다시 풀어 달라고 했죠. 마침 전교 10등 안에 드는 그 친구가 제 짝이었기에 저도 한 번 더 공부한다 생각하고 친구의 설명에 귀를 기울였습니다. 그런데 아무리 설명해도 질문한 친구는 문제를 이해하지 못했습니다. 답답해 하던 제 짝 대신 제가 나섰습니다. 설명하는데 끼어드는 제가 못마땅할 수도 있겠다고 생각했지만, '이렇게 이야기하면 좀 더 쉽지 않을까?'라는 생각으로 다시 풀이를 시작했습니다. 그랬더니 질문을 한 친구가 "아! 이제 알겠어."라며 고마워하였습니다.

그 순간이었습니다. 수학을 잘하지 못하는 것이 단점이라고만 생각했는데, 나처럼 수학을 어려워하는 친구들의 입장에서 '어떻게 하면 쉽게 알려줄 수 있을까?'를 고민하는 선생님이 될 수 있겠다는 확신이 생긴 것입니다. 20여 년이 지난 지금도 그때의 기억이 생생합니다. 저에게는 꿈을 성할 때 누군가를 돕는다는 가치가 가장 중요했던 것 같습니다. 그 순간을 계기로 이후 수학 선생님이라는 꿈을 품고 열심히 공부했습니다.

"지금은 선생님이 아니지 않나요?"라는 의문을 가진다면 맞습니다. 지금 제 직업은 수학을 가르치는 선생님이 아닌 청소년 진로 상담사입니다. 진로 강의 시작 전 수학교육과를 졸업했다고 하면 다들 믿기지 않아 합니다. 관상에서부터 수학이란 분야와는 어울리지 않는 사람이라는 느낌이 있나 봅니다. 그러나 이 이야기의 요점은 원점을 잊지 말자는 것입니다. 어떤 누가 단 한 번의 선택으로 후회 없이 직업을 선택할까요? 누구나 방황의 시간을 갖습니다. 하지만 자신의 원점을 잊지 않는다면 그 원점을 기준으로 내가 나아갈 방향을 찾을 수 있습니다. 저는 꿈꾸었던 수학 선생님은 그만두었지만, 청소년 진로 상담사가 되어 변함 없이 누군가를 돕는다는 가치를 추구하고 있습니다.

　어떤 꿈을 목표로 해야할지 고민하고 있나요? '하고 후회하는 것이 해 보지도 못하고 후회하는 것보다 낫다.'라는 격언이 있습니다. 왜 하고 후회하는 것이 더 낫다는 걸까요? 미국 노스웨스턴 대학의 닐 로즈 교수는 행한 행동에 대한 후회와 하지 않은 행동에 대한 후회의 결정적 차이가 '시간'이라고 했습니다. 하고 후회하는 것은 최근에 일어난 일과 연관되지만, 하지 않은 행동에 대한 후회는 과거와 연관되기 때문에 행한 행동에 대한 후회는 짧게 끝나고 하지 않은 행동에 대한 후회는 오래간다는 것입니다.★

　저는 한순간을 계기로 수학 선생님이라는 직업에 도전했습니다. 물론 지금은 수학을 가르치지 않지만 후회하지

★　닐 로즈, 《IF의 심리학》, 21세기북스, 2008

않습니다. 여러분도 지금 고민허는 것이 있디면 일단 헤 보는 것도 좋지 않을까요?

어떤 선택을 하던 자신만의 기준을 두고 선택의 이유를 분명히 하는 것이 중요합니다. 저는 선택의 기로에 놓였을 때 '누군가에게 도움을 줄 수 있는가?'를 기준으로 고민합니다. 타인에게 도움을 줄 때 행복을 느끼기 때문입니다. 저는 언제나 저만의 가치를 기준으로 선택하려고 노력했습니다. 그래서 어떤 선택을 했던 아쉬움은 남을 수 있지만 후회는 없습니다.

그때의 선택이 있었기에 지금의 제가 있습니다.

행복한 시간을 만드는 교육자

　청소년들과 만나 대화하다 보면 과거 나의 고민이나 지금 청소년들의 고민이나 별반 차이가 없다는 것을 느낍니다. 옛날이나 지금이나 중, 고등학생들은 좋은 대학에 진학하고 싶다는 꿈을 가지고, 대학에 합격한 대학생들은 또다시 좋은 직장에 들어가고 싶다는 꿈을 가집니다. 종종 대학교 입시 면접에 면접관으로 들어갈 때면 학생들에게 하는 질문이 있습니다. "넌 왜 그 학과에 가고 싶니?", "가서 뭐 하고 싶어?"입니다. 이 질문에 제대로 된 답을 하는 학생은 드뭅니다. 그럴 수밖에 없습니다. 우리는 꿈을 명사로 배워 왔기 때문입니다.

학생들은 대부분 고등학교 3학년이 되면 대학 원서를 쓰기 위해 담임 선생님과 진학 상담을 진행합니다. 저도 담임 선생님과의 면담을 위해 교무실을 찾았던 기억이 있습니다. 성적에 맞추어 공과대학에 가라는 선생님의 말씀에 "저는 선생님이 될 거예요!"라고 당차게 소리치며 교무실을 박차고 나온 일이 생생합니다

무작정 선생님이 되겠다고만 생각했다면 여기까지 오지 못했을 것입니다. 그러나 그 후 수능을 앞두고 왜 선생님이 되고 싶은지, 어떤 선생님이 되고 싶은지에 대한 고민을 했습니다. 철학적인 학생이라고 생각할 수도 있겠네요. 사실은 진로를 고민한다는 핑계로 하기 싫은 공부를 피하려는 마음도 있었습니다. 이제야 고백하지만 어른들의 흔한 표현처럼 '하라는 공부는 안 하고, 엉뚱한 생각만 하는 학생'이었죠. 하지만 그런 고민이 있었기에 지금의 내가 있다는 것은 부정할 수 없는 사실입니다.

여러분, 꿈은 명사가 아닌 동사임을 알아야 합니다. 꿈은 완성된 모습이 아니라 끊임없이 살아 움직이는 것이라는 것을요. 선생님, 의사, 가수, 요리사……. 이런 직업 이름은 움직이지 않는 명사일 뿐입니다. 선생님이 되어서 '무엇을' 하고 싶은지, '어떤' 일을 하는 의사가 되고 싶은지에

대해 동사형으로 생각해 보는 시간이 반드시 필요합니다. 동사형 꿈 안에 내가 나아갈 방향에 대한 힌트가 있기 때문입니다.

지금 여러분은 어떤 꿈을 이루고 싶습니까? 어떤 일을 하는지는 상관없고 돈을 많이 버는 직업이 최고라는 친구들도 있습니다. 돈만 많이 준다면 내가 정말 하고 싶지 않은 일이라도 평생 할 수 있을까요? 머리로 상상할 때는 '그까짓 하기 싫은 일, 돈만 주면 할 수 있지.'라고 생각할 수 있습니다. 하지만 실제로 그 상황이 되어 보면 하루를 버티기도 어려울 것입니다.

돈이 최고라는 친구들을 위해 한 가지 이야기를 더 들려주고 싶습니다. 역사를 전공한 최태성 강사는 독립운동가 박상진에 대해 "박상진의 꿈은 판사가 아니었어요. 그의 꿈은 명사가 아니었습니다. 법에 대해 아는 게 없어서 늘 당하고만 사는 평범한 이에게 도움을 주고, 정의가 살아 있음을 증명하는 사람이 되려고 판사가 된 것입니다. 이게 그의 꿈이었어요. 명사가 아닌 동사의 꿈이었지요."*라고 설명했습니다. 단순히 판사가 꿈이었다면 박상진은 어려운 사람을 도와줄 필요가 없었을 것입니다. 돈 많은 사람

★   최태성,《역사의 쓸모》, 다산초당, 2019

이 뇌물을 주며 잘 부탁한다고 할 때, 아닌 척 하다가 슬쩍 받아 유리한 판결을 내리는 판사도 판사니까요. 하지만 박상진의 꿈은 그냥 판사가 아니었습니다. 그의 꿈은 '당하고만 사는 평범한 이에게 도움을 주는' 판사였습니다.

　어떤 직업을 갖던 그 일을 통해서 무엇을 하고 싶은지 생각해 보는 것이 중요합니다. 어렵다면 여러분이 선택한 직업 앞에 원하는 모습을 의미하는 수식어를 붙이면 어떨까요? '정성스러운 음식으로 사람들에게 행복과 편안함을 주는' 요리사, '제품을 개발해 사람들이 어려운 일도 쉽고 편리하게 할 수 있도록 하는' 개발자처럼 말입니다.

　저도 고백하겠습니다. 저의 꿈은 저를 만나는 모든 학생들이 행복해지는 교육자가 되는 것입니다. 예리한 분들은 왜 교육자라는 표현을 썼을까 의문을 가질 수도 있습니다. 교육자라는 의미의 영어 단어 'Educator'는 인도하고 안내한다는 뜻을 지닌 라틴어 'Educare'에서 유래했습니다. 저는 선생님, 강사, 상담사 등 다양한 명칭으로 불리지만, 누군가에게 의미 있는 조언을 주는 사람이 되고 싶다는 마음으로 스스로 교육자라고 표현합니다. 이 책을 접하는 여러분에게도 조금이나마 도움이 되고 싶다는 마음이 전해진다면 좋겠습니다.

자, 다시 물어보겠습니다.

여러분의 꿈은 무엇입니까?

어두운 터널을 걷는 기분

친구들이 저에게 수학 문제를 물어볼 때 기분이 좋았습니다. 친절하게 잘 가르쳐 준다고 고마워하는 친구들의 모습, 선생님보다 이해하기 쉽게 설명해 준다는 이야기 속에서 훗날 멋진 신생님이 될 수 있을 듯 했습니다. 학창 시절에 《소설처럼 아름다운 수학 이야기》라는 책을 읽고 수학을 어떻게 하면 더 재미있게 가르쳐 줄 수 있을까 고민하며 친구들에게 알려 주기도 했습니다.[*]

수학 선생님이 되겠다는 목표를 품은 저는 사범대학 수학교육과로 진학했습니다. 그러나 대학에서 배우는 수학

---

[*] 김정희, 《소설처럼 아름다운 수학 이야기》, 동아일보사, 2002

공부가 순탄하진 않았습니다. 졸업을 앞두고서는 수학에 대한 자신감이 없어졌습니다. 앞으로 무엇을 해야 할지 작은 실마리도 잡히지 않았죠. 어두운 터널을 걸어가는 기분을 느꼈습니다. 과연 내 앞길은 어떻게 될 것인가 막막했습니다. 다니던 대학을 자퇴한 뒤 전문대학에서 기술을 배워 취업한 친구가 부러울 때도 있었습니다. 답답한 나머지 지나가는 다른 전공의 선배에게 고민을 털어놓았습니다.

"선배, 저는 뭘 해야 하죠?"

지나가다가 갑자기 질문하는 후배가 당황스럽기도 했을 텐데, 선배는 편의점에서 산 음료수를 건네며 저에게 스스로 뭘 잘한다고 생각하는지 물었습니다. 그 질문에 잘하는 게 없는 것 같다고 당당하게 답한 기억이 생각납니다. 그랬더니 선배는 네 장점을 찾아보라는 조언을 남기고 떠났습니다. 그 조언을 듣고 한참을 고민했습니다. 시간이 흘러 학교에서 선배를 우연히 다시 만나 조언에 대한 답을 했습니다.

"아무리 생각해도 잘하는 게 없는 거 같아요."
"너랑 이야기하고 있으면 마음이 편해지는 듯한데, 심

리학과나 교육학과루 대학원에 진학해서 상담 쪽 일을 하는 건 어때?"

꽤 솔깃한 조언이었습니다. 선배의 대답을 듣고 또 다시 고민에 고민을 이어갔습니다. '과연 잘할 수 있을까?', '대학원은 돈도 많이 들 텐데', '영어 시험이 필수라던데' 등의 고민이었습니다. 당시에는 영어를 다시 공부할 자신이 없어 새로운 길을 걷기보다는 가던 길을 가자고 정하고, 대학원 진학이 아닌 임용 시험 준비를 결정했습니다.

지금은 결국 그때 망설이다 포기했던 길과 같은 길을 걷고 있습니다. 이 길을 걷기까지 많은 고민이 있었고, 돌아오기도 했습니다. 하지만 고민하고 후회했던 시간이 있었기에 지금의 제가 있고 여러분에게 이런 이야기를 할 수 있는 기회도 얻게 되었습니다.

러시아의 문호 톨스토이는 소설 《세 가지 질문》을 통해 사람들에게 '내 생애 가장 중요한 시간은 언제인가?', '내 생애 가장 중요한 사람은 누구인가?', '내 생애 가장 중요한 일은 무엇인가?'라는 질문을 던졌습니다.★ 그 질문에

★   레프 톨스토이,《세 가지 질문》, 더클래식, 2013

대한 답으로 톨스토이는 '지금', '함께 있는 사람', '지금 하고 있는 일'을 내세웠지요. 저는 톨스토이의 질문에 약간 다르게 답해 볼까 합니다.

"내 생애 가장 중요한 사람은 나다."

내가 걸어가는 이 길의 끝이 어떻게 될지는 누구도 알 수 없습니다. 그렇기에 스스로에게 고뇌할 수 있는 시간을 선물하는 것이 중요합니다. 걷다가 힘들면 때로는 잠깐 쉬어 가기도 하고, 체력을 점검하기도 하며 나만의 걸음을 걸어가야겠지요. 나 자신을 찾는 시간을 한없이 방황하는 시기라고 생각할 수도 있습니다. 하지만 다르게 생각하면 오히려 세상을 한없이 넓게 바라볼 수 있는 시기입니다. 무한한 가능성을 품고 나를 찾는 여행을 즐기면 좋겠습니다.

수학이 재미없는 수학 선생님

    대학에서 수학교육을 공부하며 고민도 하고, 답을 찾기 위해 노력하다가 군대에 다녀왔습니다. 전역 후에는 마음을 다잡고 앞으로 선생님이 되기 위해 열심히 공부하겠디 디짐헸죠. 그때 우연히 삼국지의 제길공명처럼 '출사표'를 작성하여 교원 임용시험에 합격했다는 수기를 읽었습니다. 출사표는 장군이 싸움터로 떠날 때 각오를 적어 임금에게 올리는 글입니다. 촉한의 재상인 제갈공명이 위나라 정벌을 위해 올린 글을 보고 임용에 합격해야 하는 결의를 담아 자신만의 출사표를 적었다고 하니 얼마나 굳은 의지가 있었을까요? 저 역시 따라 적어 보았습니다.

    왜 선생님이 되고 싶은지, 어떤 선생님이 되고 싶은지

를 한참 고민했습니다. 명확한 계획을 세워야 목표를 이룰 수 있으니 하루에 어떤 과목을 몇 시간 공부할지 등 구체적인 계획을 세웠습니다. 목표를 이룬 모습도 상상하면 좋다고 하여 학기 중에는 학생들을 열심히 가르치면서도 친구 같은 선생님이 되고, 방학 중에는 해외에서 견문을 넓혀 수업 중 틈틈이 여행 이야기도 들려주는 선생님이 되겠다고 적어 보았습니다.

모든 준비는 마쳤습니다. 이제 공부만 하면 되는 것이죠. 그런데 이상하게 공부가 잘되지 않았습니다. 분명 수학 전공 책인데 영어만 보이니 해석하는 데 하루가 지나갈 때도 있었습니다. 한 번은 이해가 안 되어서 전공 책을 집어던져 보기도 했습니다. 그리고는 곧장 주워서 다시 책을 보았죠. 힘든 시간이었습니다. 하지만 목표와 동기를 생각하고 힘을 내서 계속해 나갔습니다. 졸업을 앞두고 하루빨리 임용시험에 합격하여 선생님이 되는 게 제 삶의 목표였습니다.

헤르만 헤세의 소설 《수레바퀴 아래서》의 작품 해설에는 이런 구절이 실려 있습니다. "우리는 수레바퀴 아래 깔린 달팽이가 아니다. 어쩌면 우리는 수레를 끌고 앞으로 나아가야 할 운명을 짊어진 수레바퀴 그 자체인지도 모른다. 고향의 짙은 흙 내음을 맡으며, 다른 바퀴와 힘께 이우러져, 덜그럭거리는 가락에 맞춰, 공동의 이상향을 향하여, 흥겹게 돌아가는 수레바퀴 말이다."★ 달팽이에겐 미안한 이야기이지만, 저는 달팽이가 아닌 수레바퀴처럼 앞으로 나아가고 싶었습니다.

공부에만 전념하며 최선을 다했습니다. 그러나 수험 생활이 2년이 넘어가자 경제 활동 없이 공부만 하기가 어려웠습니다. 주경야독의 마음으로 낮에는 일하고 저녁에는 공부하기로 했습니다. 짧지 않은 시간 동안 공부했으니 낮에 공부를 하지 않아도 괜찮을 거라 생각했습니다. 사범대학 졸업생으로서 할 수 있는 일 중 기간제 교사 자리를 찾아 보았습니다.

기간제 교사는 정식 교사는 아니지만 경쟁이 치열하고 지원자가 많습니다. 저는 교사 경험이 많은 경력직 선생님과 함께 면접을 보았습니다. 졸업 후 공부에만 전념한 탓에 경력이 없어 뽑히지 않을까 봐 조마조마했죠. 다행히 학교에서 저를 뽑아 준 덕에 기간제 교사가 될 수 있었습니다. 첫 출근 전날 밤에는 임용에 합격하기 전에 교사 생활을 경험해 볼 수 있다는 기대에 설레기도 했습니다.

★   헤르만 헤세,《수레바퀴 아래서》, 민음사, 2009

그러나 막상 교사가 되어 경험한 학교생활과 수학 교사로서의 삶은 그리 즐겁지 않았습니다. 쉬는 시간이면 너무나 활기차고 초롱초롱한 눈망울을 보이던 학생들이 수업 시간에는 어찌나 따분한 표정을 지으며 힘들어 하는지, 그 모습을 눈앞에서 보는 것이 괴로웠습니다. 수학을 그리 잘하지 못하니 수학을 가르치는 일도 재미가 없어져 버렸습니다. 그런 제 마음이 전해졌는지 학생들도 더욱 지루해 보였습니다.

천직이라고 생각했던 교사라는 직업이 적합하지 않다는 생각에 마음 한 켠이 무너지는 듯했습니다. 오랜 시간 동안 선생님이라는 직업 하나만 바라보며 준비한 탓에 선생님이라는 직업의 환상에 빠진 건 아닐까 싶었습니다. 그때 깨달았습니다. 오랜 수험 생활의 목표가 합격이 되다 보니 왜 선생님이 되고 싶은지, 정말 이 일이 내가 하고 싶은 일인지에 대한 본질적인 고민은 잊었던 것입니다. 저는 합격만 바라보며 어서 돈을 벌어 안정적인 삶을 살기를 바랐던 것 같습니다.

직업을 선택하는 요건 중에는 '안정성'과 '타인에게 보여지는 욕구'가 있습니다. 물론 이 두 가지 요건도 중요합니다. 아무리 내가 원했던 꿈이라고 해도 돈을 벌 수 없다먼 꿈을 향해 계속 나아가기는 쉽지 않습니다. 생계가 달린 일이니까요. 그러나 반대로 내가 원하는 것, 잘하는 것이 무엇인지도 모른 채 안정성만 좇아 직업을 선택하는 것도 안 될 일입니다.

저는 안정성만 좇아 선생님을 선택하지는 않았습니다. 분명 타인에게 도움을 주는 일이 행복했습니다. 그러나 '수학'이라는 과목은 저와 어울리지 않았습니다. 결국 짧은 기간제 교사 생활을 거친 후, 수학 선생님이 되기 위한 노력을 그만두었습니다.

누군가는 실패라고 생각할 수도 있을지 모릅니다. 하지만 실패를 하더라도 실패로부터 무언가를 배우면 그것은 실패가 아닙니다. 방향을 잘못 잡았다고 해도 지나고 나니 당시에는 몰랐던 것들을 배웠고, 그 모든 시간을 거쳐 지금의 제가 있습니다.

여러분도 지금 가는 길이 맞는 길인지 불안하고, 고민이 될 수 있습니다. 어쩌면 저처럼 가던 길을 되돌아 와 다른 방향으로 가게 될지도 모릅니다. 그러면 어떤가요? 그 길을 걸어 본 경험이 있는 사람과 경험이 없는 사람은 다른 사람입니다. 짧은 기간제 교사 생활이 없었다면 수학이라는 과목이 나와 맞지 않는다는 사실을 깨닫지 못했을 것입니다. 그러니 여러분도 실패할까 너무 두려워하지 마세요.
그건 실패가 아닙니다.

더 행복한 나를 찾아 다시 출발!

짧디짧은 교사 생활을 거치며 결국 수학 선생님이라는 직업을 포기해야겠다고 마음 먹었습니다. 잘하고 싶었던 일에서 큰 좌절을 겪은 뒤 '직업이란 삶에서 어떤 의미일까?', '직업은 정말 돈을 벌기 위한 수단일 뿐인 걸까?'라는 생각이 들기도 했습니다.

또다시 막막한 시간이었습니다. 여지껏 수학 선생님만을 목표로 삼아 달려 왔는데 새로운 길을 찾아야 했죠. 그렇다고 한 번도 해 보지 않은 길을 걷기에는 겁이 났습니다. 결국 선택한 것은 대학생 시절 선배가 조언해 주었던 대학원 진학이었습니다.

수학 선생님은 되지 못했지만, 상담이라는 분야에서

새롭게 잘해 보겠다는 마음이었습니다. 한편으로는 불안하기도 했습니다. 대학생 시절 교육심리를 가르치는 교수님께 대학원 진학에 대해 여쭈니 "춥고 배고픈 직업이다."라고 답해 주셨던 것이 떠올라 겁도 났습니다. 먹고살기도 힘든데 학력을 높이는 일이 소용이 있을까 고민한 적도 있습니다. 그렇지만 아무리 고민해 봐도 대학원 진학 외에 다른 길이 보이지 않았습니다. 결국 상담에 대한 공부를 한다는 기대 반, '이게 맞는 선택일까?'라는 걱정 반으로 대학원을 준비했고, 1년 후 합격 소식을 들을 수 있었습니다.

마냥 기쁘지는 않았습니다. '합격'이라는 글자에 기뻐하기엔 불안한 미래에 대한 걱정이 컸습니다. 그렇게 큰 기대 없이 진학한 대학원의 첫 수업 시간이 다가왔습니다. 아무리 기대가 없었어도 첫 수업이라고 하니 긴장이 되기도 했습니다. 잘 할 수 있을까 걱정을 한가득 안은 채 수업 시작을 기다리다보니 교수님께서 강의실에 들어왔습니다.

긴장한 채로 앉아 있는 학생들에게 교수님은 "무슨 부귀영화를 누리기 위해 대학원에 왔나요?"라는 질문을 던졌습니다. 대학원 진학은 학비도 많이 들고 시간도 드는 일인데, 어떤 꿈을 가졌길래 돈과 시간을 더 투자하는 선택을 했느냐는 질문이었을 것입니다. 교육학을 공부하며 많은 사람에게 이바지하고 싶다고 대답은 했지만, 마음 한편

으론 '졸업하고 취업해시 돈 벌려고요.'리눈 '생각이 컸습니다. 수학 선생님이 되지 못해 대학원을 진학했다는 생각이 들어 침울하기도 했습니다.

하지만 계속 침울해 있었다면 저는 또 다른 길을 걷고 있었겠죠? 시간이 지나면서 처음의 삐딱했던 마음은 공부를 하면서 눈 녹듯 사라졌습니다. 사람의 마음을 이해하고 위로를 건네는 법을 배우는 대학원 공부가 재미있었습니다. 결국 지금은 청소년 진로 상담사, 입학사정관으로 살아가고 있습니다.

'남자는 공대를 가야 굶어 죽지 않는다.'라는 말이 있습니다. 지금도 진학 상담을 하다 보면 부모님들이 "역시 공과대학을 가야겠죠?"라며 이야기를 꺼냅니다. 공대를 선호하는 경향은 기술만 있다면 안성석으로 취업하고 돈을 벌 수 있을 거라는 사람들의 생각에 의해 생겨났습니다. 고용이 불안정한 현 사회의 흐름을 반영한 분위기이지요.

먹고사는 데 지장 없는 안정적인 일을 찾아가면 즐겁고 행복할까요? 반드시 그렇다고 이야기할 수는 없습니다. 무엇보다 지금 안정적이라고 생각되는 직업이 미래에도 안정적일 거란 보장도 없죠. 지금 내가 재미있는 공부, 관심 있는 공부를 하고 있는지 스스로 답해 보길 바랍니다. '해야 한다'라는 'Must'가 아니라 '하고 싶다'라는 'Want'의 마음을 가질 때 우리는 더 큰 에너지를 가지고 행동할 수 있습니다. 삶을 바꿀 만큼 말입니다.

저 역시 직업이란 돈을 벌기 위한 수단일 뿐이라고 생각한 때도 있었습니다. 그러나 대학원에서 공부를 하고, 취업하기 위해 노력했던 모든 과정이 돈 때문이었다고 생각하면 왠지 허무해집니다. 또 오직 돈을 목적으로 상담사가 되었다고 하기에는 상담을 하고 사람들에게 도움을 주며 얻는 기쁨도 큽니다.

저는 제 직업을 통해 행복을 얻고, 인생을 배웁니다. 지금 과거로 돌아간다면 무슨 부귀영화를 누리기 위해 대학원에 왔냐고 묻는 교수님께 다른 대답을 할 것 같습니다. "좋아하고, 관심 있는 교육학 분야를 통해서 나만의 삶을 살아가고 싶어서요."라고 말입니다. 여러분은 직업을 통해 무엇을 이루고 싶나요?

2장

상담사라는 새로운 길

그래, 이거였어

진로에 대한 고민을 안고 시작한 대학원 생활은 두근 거림과 불안함의 연속이었습니다. 대학교를 졸업하자마자 대학원에 진학한 친구들이 대부분이었기에, 대학교 졸업 후 몇 년 간 임용시험 준비를 하다가 대학원에 늘어온 저는 나이가 많아서 잘 적응할 수 있을까 걱정도 들었습니다.

잘 배워야겠다는 생각에 첫 학기부터 전공 서적을 찾아 읽기 시작했습니다. 참 신기하게도 대학 시절에는 그렇게 재미없었던 전공 공부가 잘 맞는 전공을 선택하니 즐거웠습니다. 대학원에 진학하면 보통 한 학기에 세 과목을 듣습니다. 과목 당 한 주에 3시간씩 수업을 진행하지요. 대학원에 대해 잘 모르던 학생들은 이 이야기를 들으면 처음에는 깜짝 놀랐다가, 이내 부러운 기색을 감추지 못합니다. 아침 8시에 등교해 5시까지 빼곡하게 수업을 듣던 청소년 시절과 다르게 대학생이 되면 주 24시간 정도의 수업을, 대학원생이 되면 주 9시간 정도의 수업을 듣는다고 생각하면 자유롭겠다는 생각을 하는 것도 이상한 일이 아니지요.

그렇지만 저는 오히려 더 바쁘게 생활했습니다. 공부가 진심으로 즐거웠던 시절을 꼽으라면 대학원 시절이라고 답할 수 있을 만큼 자발적으로 열심히 공부했습니다. 몰랐던 상담이란 분야와 교육학에 대해 좀 더 깊이 있게 알아볼 수 있었고, 읽고 싶던 책도 자유롭게 읽다 보니 아침 9시에 연구실로 출근하여 밤 10시까지 있었던 적도 많습니다. 알아 간다는 즐거움이 이런 것임을 그때 깨달았습니다.

요즘 심리학에 대한 관심이 높아지고 있습니다. 그래서인지 심리학을 전공하지 않았더라도 프로이트, 아들러, 융 등 유명한 심리학자의 이름은 다들 알고 있는 눈치입니다. 제가 처음 관심을 가졌던 심리학자는 인본주의 심리학을 바탕으로 인간 중심 상담을 창시한 칼 로저스였습니다. 대학원생 시절 그의 책 《진정한 사람되기: 칼 로저스 상담의 원리와 실제》를 통해 제가 생각하는 상담사의 방향을 찾을 수 있었죠.* 있는 그대로의 자신을 받아들이고, 그렇게 자신을 이해하는 태도로 타인을 수용하라는 구절을 통해서 진정한 나를 찾고 받아들이는 것부터가 좋은 상담사가 되는 과정의 시작임을 배웠습니다.

당시 앞날의 불확실성에 대한 불안감이 컸기에 먼저 진정한 자기 자신이 되라는 칼 로저스의 말은 저에게 따뜻한 위로로 다가왔습니다. 상담이란 분야를 알고 공부한 지 10년이 지났지만, 처음 상담을 공부하며 읽었던 그의 말은 여전히 상담사로서의 방향성을 제시해 주는 등대입니다.

한창 스스로를 받아들이고 이해하려는 노력을 하던 저에게 한 선배가 해 준 조언이 있습니다. '내 관심사는 이거야.'라고 정하기 전에 상담심리 전공자로서 많은 학자의 이론에 대해 깊이 있게 공부하고 결정하라는 것이었습니다. 선배의 조언은 칼 로저스 이론에 꽂혀 그의 책만 읽던 저의 편협한 생각을 깨트리는 계기가 되었습니다. 조언대로 가리지 않고 다양한 학자의 이론을 공부했습니다. 그럼에도 불구하고 저는 인간의 가능성을 믿는 인본주의 철학이 좋았습니다. 모든 사람의 생명에는 불성이 있기에 모든 사람

★　　칼 로저스, 《진정한 사람되기: 칼 로저스 상담의 원리와 실제》, 학지사, 2009

이 부처가 될 수 있다고 말한 불교처럼, 누군가를 긍정적으로 바라보면서 나 자신에 대한 변화도 만들어 갈 수 있으리란 기대가 생겼습니다.

상담이라는 분야를 공부하면서 제가 가지고 있던 완벽주의 성향도 결국에는 완벽해지고 싶다는 비현실적인 욕심이라는 것을 깨닫게 되었습니다. 진정한 배움은 머릿속에 무언가를 집어넣고 완벽한 인간이 되기 위해 노력하는 것이 아니라 삶 속에서 변화를 만들어 가는 일이라는 것, 그 사실을 저는 대학원 시절에 알게 되었습니다.

두근두근 첫 상담

대학원에 진학하면 상담 이론과 함께 상담 실습을 진행합니다. 본격적인 상담사가 되기 전 실습을 통해 더 좋은 상담을 할 수 있도록 훈련 받는 과정입니다. 많은 학생들이 첫 실습을 나가기 선에 설레하시요.

저 또한 상담사로서 처음 마주했던 학생이 아직도 눈에 선합니다. 작은 상담실에 그 학생과 저, 단둘이 있으니 공기마저 어색하게 느껴지는 순간이었습니다. 상담이 처음이라 긴장되었지만 처음이라는 티를 낼 수는 없었습니다. 학생에게 전문성이 없다는 이미지를 주면 첫 단추를 잘못 끼우는 것이라고 생각했습니다.

첫인사는 당당하게 건넸습니다. 그래도 나이 차이가

있으니 사촌 동생이라고 생각하며 편하게 대하려고 노력했습니다. 그러나 고민거리를 털어놓는 학생에게 한마디 한마디 건네는 것이 조심스러워 진땀을 흘렸습니다. '이렇게 말했다가 상처받으면 어떡하지?', '이 이야기는 오히려 주눅 들게 하는 이야기가 아닐까?' 고민이 되어 쉽사리 말이 나오지 않았습니다. 처음이어도 학생에게 무언가 도움을 주어야 한다는 생각에 아는 것을 최대한 꺼내 보려고도 했습니다. 학생의 이야기를 잘 듣고 곰곰이 고민한 뒤에 답변하다 보니 상담 시간도 길어졌습니다. 어찌저찌 첫 상담을 마무리했습니다. 상담을 마무리하고 보니 너무 부족했던 것 같아 학생한테 미안한 마음도 들면서 이런 나에게 고민을 털어놓았다는 것이 고맙기도 했습니다.

상담사들은 상담 회기가 마무리되면 경험한 사례에 대한 내용으로 슈퍼바이저나 동료들에게 배움을 구합니다. '이런 상황에서는 어떤 제시를 할 수 있을까?', '더 좋은 방향은 없을까?'에 대해 함께 생각해 보며 공부하는 시간입니다. 내가 직접 겪었던 상황에 대한 조언을 얻다 보니 상담 이론에 대해 배우는 강의식 수업보다 훨씬 배우는 것이 많습니다.

저는 저를 담당해 주시는 지도 교수님께 상담에 대한 피드백을 받았습니다. 그때 지도 교수님께서 상담 녹음 파

일을 듣더니 "어쩜, 상담사와 내남사의 궁합이 이리도 잘 맞을까."라는 이야기를 해 주었습니다. 제 내담자는 질문에 대한 답을 하기 위해 한참을 생각하는 신중한 성격이었는데, 그 모습이 저와 유사했던 것입니다. 상담사와 내담자의 합은 좋은 상담을 위한 중요한 요소입니다. 알고 보니 같은 학교에서 상담을 진행한 동기는 본인처럼 열정적인 힘을 지닌 내담자와 만났더군요. 학교에서 상담사의 성향을 파악한 것도 아닐텐데 서로 비슷한 성격의 내담자를 만난 것이 신기했습니다.

그리고 교수님께선 저에게 왜 솔직하게 이야기하지 못했냐는 질문을 하셨습니다. "너랑 비슷한 아이라면, 차라리 솔직하게 대하는 것이 훨씬 좋아 보이는구나."라며 오히려 경험 있는 척을 하기보다 솔직하게 돕고 싶다는 마음을 표현하는 것이 서로 간 신뢰를 쌓는 데 더 도움이 될 것이라는 조언도 해 주셨습니다.

교수님의 조언을 듣고 보니 첫 상담의 문제점을 파악할 수 있었습니다. '상담사'로서 잘 보여야 한다는 마음이 너무 컸던 나머지 내담자의 이야기를 편안하게 듣지 못하고, 또 편안하게 이야기를 건네지 못했던 것입니다. 교수님의 조언 이후에는 전문가라는 권위를 버리고 꾸밈없는 모습으로 상담을 이어갔습니다. 전문가처럼 보여야 한다, 잘 보여야 한다는 부담을 내려놓고 나니 오히려 학생의 이야기에 귀 기울여 듣게 되고, 학생에게 해 줄 수 있는 이야기들도 쉽게 떠올랐습니다. 편안하게 대화하니 친밀감이 쌓여 더 깊은 이야기도 나눌 수 있게 되었습니다.

다섯 번의 만남 끝에 저의 첫 상담이 종료되었습니다. 이제 겨우 가까워지고 있었는데 헤어져야 한다니 아쉬운 마음이 가득했습니다. 더 만나고 싶은 마음을 뒤로 하고 일어나려는데, 과묵하고 표정 변화도 크게 없던 학생이 조그마한 선물과 함께 도움이 되었다는 이야기를 전해 주었습니다. 나름 성공한 상담이었던 것입니다. 뿌듯했습니다. 진로에 대해 고민하던 내가 누군가에게 도움을 줄 수 있다는 생각과 나라는 사람도 가치가 있는 사람이라는 것을 느꼈던 시간이었습니다.

이 일을 계기로 누군가와의 만남에 대해 소중함을 느낄 수 있었습니다. 고대 그리스의 철학자 플라톤은 '친절하라. 우리가 만나는 사람은 모두 힘든 싸움을 하고 있다.'라고 조언했습니다. 첫 상담을 마무리하며 이 명언이 가슴 깊이 와닿았습니다. 사람들은 일상생활 속에서 솔직하게 털어놓지 못하는 일도 상담이라는 세계 속에서는 솔직하게 털어놓을 때가 많습니다. 괜찮아 보이고 강해 보이던 사람도 상담을 해 보면 마음 속 상저가 낳기노 합니나. 그런 내담자를 만날 때 억지로 전문가인 척 하기보다 힘든 싸움을 하고 있는 내담자를 존중하고, 내담자의 이야기를 귀 기울여 듣고, 내가 겪은 경험을 솔직하게 이야기하는 것이 좋은 상담임을 배웠습니다. 그 후로 누구와 만나더라도 항상 친절하고 솔직하게 대히려고 노력합니다. 상담사라는 직업을 가지게 되면서 항상 실천하려고 하는 부분 중 하나입니다.

상담을 통해 배우다

    상담심리 전공으로 대학이나 대학원을 졸업한 학생들은 다양한 길로 나아갑니다. 사설 상담센터에 상담사로 취업하는 경우도 있고, 추가로 필요한 자격을 취득해 중고등학교의 Wee클래스에서 근무하기도 하지요. 저는 대학원을 졸업한 뒤 경상북도 청소년상담복지센터에서 상담사로 근무하다가, 대학교에서 근무할 기회를 얻게 되었습니다.

    청소년을 대상으로 하느냐, 대학생을 대상으로 하느냐의 차이는 있지만 상담실에는 취업 문제, 연애 문제, 가족관계 문제 등 다양한 어려움을 가지고 있는 학생들이 상담실을 찾아옵니다. 하지만 자발적으로 상담실을 찾는 학생말고, 의무적으로 취업 상담을 받아야 해서 상담실에 오는 학생도 있습니다. 수강하는 과목이 성적이 너무 낮아 학사 경고를 받은 학생들이 그중 하나입니다. 학사 경고로 학업 및 진로 상담을 받으러 온 대학생 중에 아직도 기억에 남는 친구가 있습니다. 경쟁률도 높고 학생들에게 인기 있는 학과에 재학 중인 학생이었습니다. 키도 크고 이목구비가 뚜렷해 눈에 띄었죠.

저의 첫 마디는 "와, 너 정말 멋지다. 모델 해도 되겠다."였던 걸로 기억합니다. 원하지 않는 교육과 상담이었을 텐데도 착실하게 이수하는 학생이 학사 경고를 받았다니 믿기지 않았습니다. 학생에게 "넌 왜 그 과로 진학했니?"라는 질문을 했습니다. 그랬더니 사실 다른 공부를 하고 싶었는데, 인기 있는 학과를 나와서 취업하라는 아버지의 의견이 너무 강해 어찌할 도리가 없었다는 학생의 대답이 돌아왔습니다. 개인적으로 안타까운 마음은 들었지만, 좋아하는 분야가 생겨서 그쪽으로 따로 공부하고 있다고 하였기에 특별한 조언보다는 잘 할 수 있으리란 응원을 건네며 상담을 마무리했습니다. 그런데 불과 5분도 지나지 않아 그 학생이 다시 찾아와서 말했습니다.

"선생님. 못 한 말이 있어서 다시 왔어요. 하고 싶은 일을 하니 미련이 없어요. 실패할 수도 있겠지만, 실패에 대한 걱정은 들지 않아요. 선생님이 저를 만날 때 모델 같다고 하셨죠? 사실 저 모델로 활동하고 있어요. 지금도 선생님과의 상담 후에 서울에서 촬영이 예정되어 있어요. 무엇보다 관심도 없는 전공 책 말고 제가 좋아하는 모델 책은 얼마나 재밌는지, 제 돈 주고 책을 사서 보고 있어요."

이 학생은 모델 공부 자체가 즐겁고 더 배우고 싶다는 이야기를 하며, 현재 대학 졸업 후 모델 관련 학과를 다시 갈 계획까지 들려 주었습니다. 원래 학과의 공부는 하기 싫어서 학사 경고까지 받았지만, 모델 관련 공부는 자발적으로 하고 있었던 것입니다.

해마다 부모님이 바라는 직업과 내가 바라는 직업 사이에서 고민하는 학생을 많이 봅니다. 하고 싶은 일을 한다면 더 큰 에너지를 가지고 나아갈 수 있을 텐데, 부모님의 의견에 가로막혀 잔뜩 작아져 있는 학생들을 볼 때면 안타깝습니다. 그런데 부모님의 반대와 같은 어려운 상황에서도 자신만의 길을 찾아 나아가는 학생들이 있습니다. 시간이 날 때마다 틈틈이 원하는 분야의 공부를 하고, 나름대로 프로젝트를 찾아 참가하거나 스스로 이벤트를 만들기도 합니다. 그런 모습을 보면 대견하고 기특합니다. 어떻게 저런

침이 나올까 싶기도 하고요. 모델 공부를 한다던 이 학생도 그런 학생 중 하나였습니다. 이 학생과의 상담을 통해 선생님이 되겠다며 열정을 불태웠던 과거의 제 모습이 떠오르기도 하고, 지금의 나는 열정적으로 살고 있는지 다시 한번 돌아보게 되었습니다. 나도 현재에 안주할 게 아니라 짬을 내서 새로운 것에 도전하고 더 성장해야겠다는 다짐도 하게 되었지요.

상담을 하다 보면 정말 다양한 사람을 만납니다. 상담사는 내담자에게 도움을 주기만 하는 존재처럼 보이지만, 사실 상담사도 내담자에게 많이 배웁니다. 다양한 분야에 있는 내담자들과 이야기하며 그 분야의 지식에 대해 알게 되기도 하고, 수많은 사람의 고민을 함께 해결하려고 노력하는 과정에서 세상을 이해하게 되기도 합니다. 특히 청소년 진로 상담사로서 일하다 보면 청소년 여러분이 가지고 있는 기운에 큰 힘을 얻을 때가 많습니다. 잘 들어 주었을 뿐 그리 대단한 이야기를 한 것 같지 않은데도 도움이 되었다며 고마워하고 기뻐하는 모습을 보면 오히려 더 고맙다는 마음이 듭니다. 상담사라는 직업이 가진 매력입니다.

상담하며 가장 힘들었던 순간

　　상담을 하며 의미있는 순간들을 참 많이 만났습니다. 상담이 종료되는 시점에 고사리 같은 자그마한 손으로 수줍게 편지를 전하던 아이, 아끼던 야구공에 자신의 싸인을 해 주며 잘 간직하라던 아이, 상담 종료 후 군 복무를 마치고 건강하게 잘 지내고 있다고 전해 준 아이 등 짧은 시간 동안 누군가에게 잠시나마 따뜻한 사람이 되었다는 사실에 마냥 행복했습니다. 안도현 시인의 시 〈너에게 묻는다〉에 나오는 '너는 누구에게 한번이라도 뜨거운 사람이었느냐'라는 질문에 그렇다고 자신있게 답할 용기도 생겼습니다.★

★　　안도현, 《외롭고 높고 쓸쓸한》, 문학동네, 2004

그러나 모든 일에는 양면성이 있듯 힘든 일도 있었습니다.

어느 날 새벽에 한 통의 전화가 걸려 왔습니다. 상담을 진행하고 있는 한 학생의 어머니였습니다. 발신인을 보자 잠이 확 달아났습니다. '아침부터 무슨 일일까?', '오늘 이 친구와의 상담을 미루겠다는 전화일까?' 울리는 전화를 바로 받지 못하며 잠깐 동안 많은 생각을 했습니다. 제가 감당하지 못할 내용일까봐 불안했습니다.

선배 상담사들도 한 번쯤은 경험했던, 어쩌면 좋은 상담사가 되는 과정에서 겪어야 할 일이었을지도 모르겠습니다. 아이가 자신의 몸에 상처를 입혀 병원에 입원했다는 소식이었습니다. 어머니께서도 처음 겪는 일이기에 어찌해야 할지 몰라 제게 연락을 주셨던 것입니다. 물론 저도 처음 겪는 일이기는 마찬가지였습니다.

저 역시 당황스러운 마음이 컸지만 배운 내용을 차근히 상기하며 어머니를 안심시키고 상황을 파악했습니다. 파악한 내용을 센터에 신속하게 보고하고 나니, 기력이 쭉 빠지고 식은땀이 났습니다. 상담 과정에서 실수는 없었는지, 특이점은 일지에 잘 기록되었는지 등을 모두 다시 돌아보았습니다. 짧은 순간이었지만 내 잘못이 아니었을까, 자책하는 마음이 들어 복잡했습니다. 다행히 시간이 흘러 학생이 건강을 회복하고 학교로 복귀하던 날 얼마나 안심이 되었는지 모릅니다.

'다른 상담사 선생님을 만났으면 달랐을까?' '내가 무언가 잘못해서 아이가 잘못된 선택을 한 것이 아닐까?'라는 생각이 들 때는 다시 누군가의 이야기를 들어주고 상담할 용기가 나지 않았습니다. 그러나 주변의 동료 상담사들, 선배 상담사들의 위로와 격려 덕분에 잘 이겨낼 수 있었습니다.

어떤 직업이든 책임이 따르지만 특히 상담사라는 직업은 정신 건강과 관련되어 있기에 더 큰 책임감이 느껴지는 직업입니다. 나와의 상담을 통해 더 건강해지는 모습을 보면 정말 뿌듯하고 기쁘지만, 오랜 시간 상담을 하고 있는데도 변화가 보이지 않거나 더 깊은 고민에 빠지는 모습을 보면 내 탓인가 싶어 덩달아 마음이 무거워집니다. 하지만 그런 어려운 점이 있음에도 불구하고 누군가 힘이 들 때 찾을 수 있는 사람이라는 소명감이 제가 상담을 포기하지 못하는 이유입니다.

상담을 하다 보면 나의 가치관과 다른 생각을 가진 사람들을 만나기도 합니다. 그런 경우에도 내담자의 말을 귀

담아 듣고 공감해 주는 일이 쉬운 일은 아닙니다. 상담이 끝나고 나면 진이 빠지기도 합니다.

한번은 해외 거주를 고민하던 분이 저를 찾아왔습니다. 저는 해외 거주 경험이 없었기에 솔직하게 말씀드리고 그분께 다른 상담사를 소개시켜 드려도 될지 여쭈었습니다. 짐작으로 이해하고 이야기를 나눌 수도 있지만, 해외 거주에 대한 이해가 깊지 않으니 큰 도움이 될 수 없을 듯해 내린 결정이었습니다. 다행히 솔직하게 말씀을 드렸는데도 저와 상담을 진행하고 싶어 하셨습니다. 저에게는 경험하지 못한 이야기를 듣고 또 다른 세상을 알아 가는 계기가 되었지요.

상담사가 모든 상황을 겪어 본 사람일 수는 없습니다. 상담사도 처음 마주하는 상황이 많습니다. 하지만 내담자들은 상담사가 자신의 상황에 대한 깊은 이해를 바탕으로 조언해 주기를 기대합니다. 상담사가 자신의 기대에 미치지 못할 때에는 크게 실망하고 화를 내기도 하지요. 그래서 어떤 상담사들은 모든 상황을 겪어 보았고, 잘 이해하고 있다는 인상을 주기 위해 모르는 데도 아는 척을 하기도 합니다. 하지만 아는 척은 결국 아는 척일 뿐이지요.

대신 상담사는 공감을 합니다. 비록 내가 겪은 상황은

아니지만 상대방의 이야기를 듣고 상대방 입장에 서서 상대방의 마음을 이해하는 것입니다. 타인의 삶과 경험을 이해하려고 노력하는 것은 어렵지만 의미있는 일입니다. 이런 경험 속에서 상담사는 더 성숙해지고, 경험이 쌓일수록 좋은 상담사가 되어 갑니다. 저 역시 같은 경험 속에서 더 성숙해지고 있다는 것은 부정할 수 없는 사실입니다.

알을 깨고 나아가는 일

부끄러운 이야기지만 저처럼 누군가를 돕고 싶다며 심리학과에 진학하겠다는 고등학생을 만난 적이 있습니다. 상담사가 되려면 어떤 과정을 거쳐야 하는지 궁금해하기에 수학 선생님을 거쳐 대학원에 진학했던 제 이야기를 늘려주며 상담사가 되기까지의 과정에 대해 오랜 시간 이야기를 나누었습니다. 그 이야기를 여러분에게도 들려줄까 합니다.

저는 방황하던 시기 지푸라기라도 잡는 심정으로 대학원 진학을 결심했습니다. '이번에도 전공이 잘 맞지 않아 시간만 허비하면 어쩌지'라는 두려움도 있었지만, 도전하지 않고 지금 모습 그대로 존재하는 것보다는 뭐라도 하는 게 좋은 방향이든 나쁜 방향이든 한 발 더 나아갈 수 있으리라 생각했습니다. 오직 나만이 할 수 있는 일은 무엇일지 고민했습니다. 애벌레가 나비가 되기 위해 번데기 속에서 오랜 시간을 기다리듯, 더 큰 내가 되기 위한 과정이라고 생각했습니다. 그렇게 대학원에 진학해 석사, 박사 과정을 졸업하며 상담에 대한 여러 이론을 공부하고 실습도 거쳤습니다. 결국 지금은 상담사가 되어 여러 장소에서 대학생, 청소년을 만나며 '다른 사람에게 도움이 되고 싶다.'라는 꿈을 이루었습니다.

헤르만 헤세의 《데미안》에는 "새는 알을 깨고 나온다. 알은 곧 세계다. 태어나려고 하는 자는 하나의 세계를 파괴하지 않으면 안 된다."라는 문장이 나옵니다.★ 《데미안》을 읽지 않았더라도 한번쯤 들어봤을 정도로 유명한 문장이지요. 알을 깨고 나온다는 건 어떤 의미일까요? 알을 깨고 나오기까지의 과정은 쉽지 않을 것입니다. 하지만 인고의 시간을 거친 후 답답한 알을 벗어나 세상을 바라보며 훨훨 날아갈 수 있다는 건 생각만 해도 신이 납니다. 새로운 세상

★　헤르만 헤세, 《데미안》, 민음사, 2009

을 보고 느끼디 보면 새로운 경험을 얻을 수도 있습니다.

상담을 공부하다 보면 여러 매체를 이용한 상담 기법을 배웁니다. 음악 치료, 문학 치료, 미술 치료 등 다양한 상담 기법을 전문적으로 배우는 대학원 과정도 있습니다. 저는 개별적으로 미술 치료를 공부하였습니다. 여러분도 피카소, 고흐 등 유명한 화가들의 작품을 본 적이 있을 것입니다. 어린 시절 저는 유명한 화가들의 젊은 시절 그림과 노년 시절 그림이 크게 달라지는 게 의아했습니다. '이미 잘 그리니까 그대로만 그리면 될 텐데 왜 굳이 변화를 만드는 걸까?'라는 생각도 했습니다.

이제는 그런 변화 과정이 결국에는 자신만의 고유한 예술 세계를 만들어 가는 과정이었다는 것을 이해합니다. 새가 알을 깨고 나오듯, 화가들도 나비가 되기 위해 번데기 속에서 긴 시간을 거치는 과정이 필요했던 것입니다. 우리도 마찬가지입니다. 나비가 되는 과정에서 누군가는 자신만의 길을 찾아갈 테고, 누군가는 방황할 수도 있을 것입니다. 하지만 스스로 포기하지 않는다면 조금 늦을 뿐이지 끝내 길을 찾을 수 있으리라 확신합니다.

전문가가 된다는 건 어쩌면 인고의 시간을 거쳐야 하

는 것이 아닐까 싶습니다. 저도 상담사가 되어 여러분들과 이렇게 책으로 만나기까지 수많은 우여곡절이 있었습니다. 하지만 우여곡절 없이 성장하는 사람이 있을까요? 어떤 일이든 쉬운 일은 없습니다. 여러분의 앞날에도 어떤 어려움이 찾아올지 모릅니다. 그렇지만 이 시간이 나를 더 단단하게 만들어 줄 것이라 생각하면 알 속의 답답한 시간도 버텨낼 수 있습니다. 언젠가는 그 우여곡절을 다 헤치고, 알을 깨고 나와 하늘을 날며 '그때 힘들었지. 그래도 지나오길 잘했어.'라고 생각할 날이 올 것입니다.

저 역시 아직 부족한 면이 많습니다. 하지만 앞으로 더욱 노력한다면 생활 속에서 누군가를 도울 수 있는 역량을 갖출 수 있지 않을까요? 여러분과 함께 각자의 무대에서 인사하는 날이 오기를 소망해 봅니다.

인생은 속도가 아닌 방향

　20대 후반에 대학원에서 새롭게 상담심리를 배우면서 '나 사람 구실 할 수 있을까?'라는 걱정을 했습니다. 수학교육과 전공을 살리지 않을 것이었다면 4년 동안 왜 대학에 다녔는지 허무하기도 했고, 남들은 전공을 살려 취업하고 있는데 나는 다시 새로운 공부를 시작하니 뒤처지는 느낌이 들어 불안하기도 했습니다. 새로운 길을 걸을 수 있을까에 대한 두려움이 가득 찼던 시기였습니다. 지금 생각해 보면 그렇게까지 걱정할 일은 아니었는데 싶습니다.

　탈무드의 이야기를 들려주고 싶습니다. 길을 가다가 너무 지친 어떤 사람이 지나가는 달구지를 보고 반가움 마음에 동승을 요청했습니다. 그러자 달구지 주인을 친절하게 함께 타자고 이야기했습니다. 지친 사람은 기뻐하며 달구지 주인에게 목적지까지 얼마나 걸리는지 물었고, 약 30분 정도 걸린다는 이야기를 들었습니다. 그런데 30분이 지나도 도착을 하지 않자 지친 사람은 달구지 주인에게 다시 물었습니다.

"혹시 얼마나 더 가야 도착할까요?"
"지금 속도라면 1시간 정도일 거 같네요."
"아니, 아까는 30분이라고 하더니 왜 더 멀어졌나요?"
"이 달구지는 반대 방향으로 가는 중이거든요."

이 이야기의 주제는 속도보다 방향이 중요하다는 것입니다. 방향을 정하는 것이 우선이고 속도는 그 후의 이야기라는 것이죠.

제가 하는 입학사정관 일은 학생부 종합 전형 선발이 주된 업무입니다. 대학 입학 전형 중 하나인 학생부 종합 전형은 고등학생들이 진로를 설정하고 관련 활동을 얼마만큼 깊이 있게 했는지 평가합니다. 진로를 일찍이 정해 그에 맞춰 입시를 준비해야 하다 보니 갑자기 진로가 변경된

학생들은 학생부 종합 전형 지원을 포기하려는 경우도 있습니다. 아직 진로를 결정하지 못한 학생들은 친구들은 모두 자신의 꿈을 찾아 차근차근 나아가고 있는데 나만 아직 하고 싶은 것을 찾지 못했다는 불안함, 뭐라도 빨리 진로를 정해야겠다는 조급함에 시달리기도 합니다.

하지만 어떻게 모든 사람이 다 같은 청소년 시기에 한 번에 진로를 결정해 한 길로 나아갈 수 있을까요? 진로를 설정하기 위해 서두르지 맙시다. 사회가 만들어 둔 시스템에 의해 급하게 결정할 필요는 없습니다. 자신의 속도에 맞추어 좋은 방향을 찾아가는 것이 더 중요합니다.

독일의 낭만주의 화가 카스파르 다비드 프리드리히의 〈안개바다 위의 방랑자〉라는 작품에는 바위 절벽 위에서 안개로 감싸진 산능선이들을 내려다보는 한 남자가 그려져 있습니다. 이 그림을 보며 홀로 있는 사람의 외로움을 느끼는 분들도 있지만, 저는 이 남자가 '세상아, 덤벼라!'라고 외치는 듯한 의연한 결의가 느껴졌습니다. 뒷모습만 그려져 있어 표정을 알 수 없지만, 그의 앞모습은 분명 누구보다 강한 의지를 나타냈을 것입니다.

때로는 막힐 수도 있고 답답할 수도 있습니다. 방향을 찾다가 오히려 방향을 잃을 수도 있습니다. 어쩌면 길이 안

보일 수도 있겠지요. 방향을 정했다고 해도 그 방향이 맞는지 모를 수도 있고, 맞는다고 한들 처음부터 잘 풀리지 않을 수도 있습니다. 괜찮습니다. 그렇지만 막힐 때일수록 걷던 걸음을 잠시 쉬며 숨을 돌려 보면 좋겠습니다. 그런 뒤에 다시 새로운 길을 찾으려고 노력해 보세요. 물리적 방향을 잃어도 생각의 방향을 잃지 않는다면 언제든 다시 나아갈 수 있습니다.

상담사가 필요 없는 세상

얼마 전 〈정신병동에도 아침이 와요〉라는 드라마를 봤습니다. 정신병동 간호사로 일하는 주인공이 퇴원하는 환자들에게 "다시는 보지 말아요."라고 이야기하더군요. 아름다운 이야기였습니다.

상담사로 일하고 있지만, 어쩌면 세상에서 없어져야 할 직업은 상담사가 아닐까 생각합니다. 상담사는 몸이 아프면 병원을 찾아가듯이 마음이 아플 때 찾는 사람입니다. 아픈 사람이 아무도 없고 모두가 건강해 의사나 상담사가 필요 없는 세상이 된다면 어떨까요? 물론 불가능하겠지만, 상담사는 우리 사회가 마음이 건강한 사회가 되는 것을 목표로 해야 한다고 생각합니다.

이런 제 바람과는 다르게 우울증으로 병원을 찾는 청소년의 수는 해마다 늘어나고 있습니다. 청소년뿐만 아니라 어른도 마찬가지입니다. 상담사가 필요 없는 세상은커녕 오히려 상담사가 더 많아져야 하는 세상입니다. 무엇이 이렇게 우리를 괴롭게 하는 걸까요?

여성가족부의 자료에 따르면 2022년 13-18세 청소년이 고민하는 문제 1위는 '공부(성적, 적성)'였습니다. 무려 50%가 넘는 학생들이 공부를 가장 고민이 되는 문제로 꼽은 것입니다. 조금 더 나이가 많은 19-24세 청소년이 고민하는 문제 1위는 '직업', 그리고 2위가 '공부(성적, 적성)'였습니다.*

물론 청소년 시기 공부와 진로에 대한 고민은 피할 수 없는 문제입니다. 적당한 긴장과 고민은 우리를 성장시키기도 합니다. 하지만 극심한 스트레스를 받으며 우울증에 시달리고, 자아존중감이 낮아져 스스로 아무것도 할 수 없는 존재, 실패한 존재라고 생각하는 학생들을 보면 너무나 안타깝습니다. 학생들이 그렇게 생각하게 만드는 우리 사

★   여성가족부, 2023 청소년 통계, 2023.5

회의 분위기나 시스템의 문제겠지요.

저는 우리 사회가 학생들이 스스로 나아가는 길에 대해 믿음을 가지고 학업과 진로에 대한 고민을 건강하게 해결할 수 있는 세상이었으면 좋겠습니다. 잠시 넘어지거나 돌아가더라도 '그럴 수 있지. 별일 아니야.'라며 아무렇지 않게 생각할 수 있는 세상 말입니다. 제가 지금 당장 제도를 바꾸고 시스템을 고칠 수 있는 위치에 있지는 않습니다. 그래도 제 나름의 자리에서 학생들의 이야기를 들어주고 조언을 하며 학생들의 마음에 용기를 불어 넣으려 늘 노력합니다.

우리가 산을 오르고 있다고 생각해 봅시다. 그런데 산을 오르는 것이 너무 쉬워 땀을 흘리지도 않고, 지치지도 않은 채 금방 정상에 도착하면 어떨까요? 정상에 도착했으니 바로 다시 내려가면 된다고 한다면 굳이 산에 왜 올라왔나 싶고 허무할 것입니다.

인생도 그렇습니다. 가끔 지치고 힘들더라도 내 속도에 맞게 천천히 한 발 한 발 내디뎌 가는 것이 의미 있는 인생입니다. 주변 사람들이 얼마나 빠르게 정상에 도착하는지에 상관하지 말고 여러분의 길을 찾아 나아가세요. 그렇게 정상에 도착했을 때, 그동안의 힘들고 어려웠던 시간이 모두 의미 있었다고 느껴질 만큼 멋진 풍경이 펼쳐질 것입니다.

3장

꼬깃꼬깃 고민 상자, 오픈!

공부를 왜 해야 하나요?

　이번 장에서는 많은 청소년이 마주하는 고민거리에 대해 이야기하고자 합니다. 첫 번째 고민은 누구나 한번쯤 해보았을 '공부를 왜 해야 할까?'라는 고민입니다. 시험 기간이라서, 학원 테스트가 있어서……. 공부를 해야 하는 여러 이유는 알고 있지만 잠깐 책을 보다 보면 금세 머리도 아프고 지겨워 공부하기가 싫어집니다. 그러면서 도대체 공부는 왜 해야 하는지 철학적인 생각에 빠지게 되죠.

　우리는 왜 공부에 흥미를 느끼지 못할까요? '우리'에는 청소년 시절의 저도 포함됩니다. 지금이야 책 읽는 것이 재밌어서 매주 한 권 정도의 책을 읽고 서평을 남기는 것이 취미라고 이야기할 수 있지만, 저 역시 청소년 때는 공부 자체가 참 하기 싫고 지긋지긋했습니다.

그런 저도 어린 시절 재미있게 읽었던 책이 있습니다. 바로 《공부가 가장 쉬웠어요》라는 제목의 책입니다.[*] 힘 든 상황 속에서도 결국 서울대학교 인문계열에 수석 합격해 법학과를 졸업한 저자의 체험 수기가 담겨 있는 책이죠. 출간 당시 엄청난 인기를 끌며 베스트셀러가 되었던 이 책의 저자는 막노동자 출신입니다. 가난한 집안 형편으로 인해 대학을 포기한 저자는 포클레인 조수, 신문 배달, 물수건 배달, 공사장 막노동 등 여러 아르바이트를 하며 생계를 유지했습니다. 그러다 어느 순간 현재에 대한 회의감이 들어 무언가 도전해 보자는 생각에 마지막 대안으로 공부를 선택한 것입니다. 당시 많은 중고등학생들이 입소문을 통해 이 책을 읽었습니다. 저 역시 이모 집에 놀러 갔다 우연히 발견한 책이 너무 재밌어서 즐겁게 읽었던 기억이 있습니다.

물론, 책을 읽었다고 '역시 공부를 할 수 있을 때 열심히 해야겠어.'라거나 '나도 공부를 통해서 내 삶을 변화시

[*]   장승수, 《공부가 가장 쉬웠어요》, 김영사, 1996

켜야겠어.'라는 생각이 들지는 않았습니다. 인생이 180도 달라지지도 않았습니다. 책을 읽을 때의 감명은 마지막 장을 덮은 순간 사라졌습니다. 왜 그랬을까요? 공부에 대한 절실함도 없었을 뿐더러 '공부해서 뭐 하지?'라는 생각이 먼저 들었기 때문인 것 같습니다.

　어떤 학생들은 재미가 없어서 공부하기 싫다고 합니다. 그도 그럴 것이 주변을 둘러보면 놀 거리가 너무 많습니다. 대학생 제자들은 지금도 좋아하는 유튜브 채널이나 넷플릭스를 틀어 두면 하루가 어떻게 가는지 모르겠다고 이야기합니다. 저 역시 어느 주말 넷플릭스에 빠져 침대에 태블릿을 가지고 들어가 하루종일 나오지 않은 적도 있습니다. 이렇게 재미있는 세상 속에서 공부를 왜 해야 하냐고 물을 수도 있을 것입니다. 그럼에도 불구하고 우리는 왜 공부를 해야 할까요?

　일본의 수학자 히로나카 헤이스케는 《학문의 즐거움》이라는 책에서 인간이 공부하는 이유는 지혜를 얻기 위해서라고 말했습니다.[*] 지금 학교에서 배우는 지식을 성인이 된 이후에도 완벽하게 기억하는 사람은 드물 것입니다. 인

★　　히로나카 헤이스케, 《학문의 즐거움》, 김영사, 2013

터넷도 잘 되어 있는 세상에 정보와 지식을 머리에 넣는 것이 무슨 소용이냐고 생각할 수도 있습니다. 하지만 정보를 정리하고, 지식을 기억하려고 노력하는 과정에서 인간은 지혜를 얻습니다. 번거롭고 어려운 일이지만, 그 어려움을 극복하려고 노력하는 과정에서 지혜를 얻는 것입니다.

공부를 해야 하는 또 다른 이유는 삶에서 배움을 빼놓을 수 없기 때문입니다. 저는 매번 직장을 옮길 때마다 새로운 지식을 접하고 공부합니다. 대학원까지 졸업한 사람이 아직도 직장을 옮길 때마다 공부를 해야 한다는 말을 들으니 어떤가요? 제가 예전에 수학 선생님을 포기했듯 새로운 공부로 힘들 때마다 일찌감치 포기하고 싶은 마음이 들었을 것 같나요? 그렇지 않았습니다. 새 직장에서의 배움은 맡은 일을 더 잘하고 싶고, 내가 하는 일을 통해서 사회적으로 인정받고 싶은 마음에 스스로 선택한 공부였기 때문입니다.

물론 교육 제도에서 바뀌어야 할 부분도 있습니다. 어른들은 학생들이 공부하게 하려고 시험을 치르고 평가합니다. 그 속에서 진이 빠져 버리는 수많은 친구들을 보면 너무 과도한 공부 압박에 시달리는 것은 아닌지 걱정이 되기도 합니다. 그래도 한 가지는 기억해 주면 좋겠습니다. 공부히는 이유는 내기 원히는 것을 하기 위해시, 그리고 원하는 것을 누구보다 잘하기 위해서라는 것임을요.

현실적으로 공부를 하지 않으면 원하는 학과 진학이 어려운 경우가 많습니다. 진학 상담을 할 때, 하위 등급을 지닌 학생이 인기 있는 학과 진학을 원하는 경우를 보면 안타까운 마음이 듭니다. 학생의 적성과 흥미가 A 학과와 잘 어울리는 것은 분명한데, 공부를 소홀히 한 탓에 경쟁률이나 평균 등급 자체가 어마어마하게 높은 학과에 진학하기는 어렵기 때문입니다.

공부가 마냥 즐겁다고 느끼는 사람은 없겠지만, 자신의 목표를 이루기 위해서 버텨 보는 건 어떨까요. 물론 공부하지 않는다고 실패하는 것은 아닙니다. 원하는 학과에 신학하지 않더라노 내가 바라는 농사형 꿈을 이둘 방법은 많습니다. 하지만 하기 싫은 일을 피하기만 해서는 어떤 분야든 내가 원하는 분야에서 성공하기 어렵다는 것을 전하고 싶습니다. 하기 싫은 것을 억지로 하는 게 답답할 수 있습니다. 그렇지만 하기 싫은 마음을 이겨내고 내가 할 수 있는 것을 하나씩 늘려 가는 과정이 자신을 강하게 만들어 줄 것임은 틀림없습니다.

게임을 할 때 처음부터 재미있나요? 그렇다 하더라도

게임에 익숙해지고, 캐릭터가 성장할 때 더 재미를 느끼지 않나요? 저는 공부도 동일하다고 생각합니다. 재미가 생기려고 하는 찰나 우리가 공부를 지겨워하며 포기하는 건 아닐까요?

좋아하는 것도, 꿈도 없어요

　꿈이 없어서 걱정이라는 고민을 하는 것 자체가 대단합니다. 꿈을 찾기 위한 노력의 시작점이 바로 내 꿈이 무엇인지를 고민하는 것입니다. 미국의 심리학자 하워드 가드너는 인간의 지능이 여러 가지 영역으로 구분된다는 '다중지능 이론'을 제시했습니다. 다중지능 이론은 오늘날에도 인간을 이해하는 데 큰 도움이 되고 있지요. 그가 제시한 여덟 가지 지능의 유형 중에는 '자기 이해' 지능도 있습니다. 스스로를 이해하는 것을 지능의 한 영역으로 구분한 것입니다. 그만큼 인간에게 자기 이해는 중요한 부분입니다. 자신을 알아가기 위해 먼저 자신을 알고자 하는 마음이 있어야 하는 건 당연한 이야기겠지요.

대학 졸업 후 취업을 준비하던 중, 첫 면접에서 "당신은 어떤 사람입니까?"라는 질문을 받고 어떤 대답을 해야 하나 고민했던 기억이 있습니다. 면접을 어떻게 봤는지 기억도 나지 않고, 벤치에 앉아서 '나는 어떤 사람이지?', '지인들에게 종종 들은 칭찬대로 성실한 사람인가?'라는 고민을 했습니다.

그 뒤 대학원에 진학하니 지도 교수님께서 '이게 저예요.(This is me.)'라는 과제를 내 주셨습니다. 어린 시절부터 대학원 진학을 앞둔 시절까지의 삶을 회고하고 글로 작성하는 과제였습니다. 그 때 처음으로 살아온 인생을 돌아보는 시간을 가질 수 있었습니다. 작성하면서 내 생각과 삶, 그리고 진로 설정에 대해 어느 정도 정리가 된 기분이 들었습니다. 왜 상담사가 되기 위해 대학원 진학까지 하게 되었는지에 대한 목적성도 가질 수 있었습니다.

생각해 보면 직업을 정하기 위한 면접뿐 아니라 아내와의 첫 만남에서도 비슷한 질문을 받았습니다. "당신은 어떤 삶을 살았어요?"라는 질문이었죠. 면접에서나 받을 법한 질문이 갑작스레 들어오자 당황해 명쾌한 답을 주진 못했던 것 같습니다.

진로 강의나 진로 상담 중에도 '당신은 자신을 위해 얼마나 시간을 쓰고 있고, 자신을 얼마니 이해하고 있는가?"라는 질문은 빠지지 않습니다. 대학생들도 답하기 어려워하는 질문입니다. 우리는 누군가를 위해서는 편지도 쓰고 외모도 가꾸는 등 시간을 쓰지만, 막상 자신을 위한 시간을 얼마나 가지느냐는 질문에 답하긴 어려워합니다.

그러나 진로를 선택할 때 가장 중요하게 생각해야 할 것이 자신에 대한 이해입니다. 사람마다 편하게 입는 옷이 다르듯 삶에서 만족을 느끼는 조건도 모두 다릅니다. 사회가 요구하는 직업을 굳이 따라갈 필요가 있을까요? 자신을 제대로 아는 사람이 내 진로에 대해서도 명확하게 판단할 수 있습니다. 자신이 어떤 사람인지 알고 자신에게 맞는 직장을 선택하는 것이 옳지 않을까요? 직업마다 요구하는 역량이나 가지고 있는 성격에는 차이가 있습니다. 학창 시절에 자신을 발견하고 자기에게 맞는 전공 역량과 취향을 남색하며, 거기에 맞는 직장을 선택하면 됩니다.

많은 사람이 자신을 만나기 위해 MBTI, 애니어그램 검사 등의 심리 검사를 많이 활용합니다. 성격 검사를 통해 친구나 좋아하는 사람의 성격을 파악하고, 서로를 이해하는 것이 당연해졌지요. 그러나 검사는 대표적인 모습을 보여 줄 뿐 여러분의 고유한 모습을 모두 알려 줄 순 없습니다. 자신을 만나기 위해서는 스스로의 삶을 돌아보고 내가 진실로 원하는 것이 무엇인지 탐색하며 성찰하는 것이 중요합니다.

내 인생의 주인공은 누구라고 생각하나요? 길러 주신 부모님일까요? 아닙니다. 인생의 주인공은 여러분 자신입니다. 그 누구도 여러분 삶의 주인공이 될 수 없습니다. 여러분이 주인공 역할을 넘겨 주지 않는 한 말이죠. 여러분 자신을 찾아가는 여행을 떠나 보세요. 현재의 위치를 벗어나는 것이 불안할 수도 있지만, 스스로의 마음을 찾고 깨달아 가려면 여행이 필요합니다.

판단의 기준점을 타인이 아닌 나로 가져와야 합니다. 나는 어떤 음식을 좋아하는지, 어떤 순간에 가장 행복한지 잘 살펴보세요. 저는 타인을 도울 때 가장 행복합니다. 어떤 사람은 아주 어려운 수학 문제를 풀어 냈을 때 가장 행복하다는 사람도 있습니다. 신나게 노래를 부를 때 가장 행복하다는 사람도 있지요. 자신이 어떤 순간에 가장 행복한지 살피는 과정에서 '나'라는 사람이 어떤 사람인지에 대한 정보를 얻을 수 있습니다.

내가 무엇을 원하는지에 대해서도 생각해 보세요. 저는 상담사로서 한 명 한 명을 돕다 보니 강연을 하고 싶다는 생각을 하기 시작했습니다. 어떤 사람은 가족에게 요리해 주는 순간이 가장 행복해서 더 많은 사람에게 내가 만든 요리를 대접하고 싶다는 생각을 할 수도 있겠지요. 또 어떤 사람은 이것저것 만들기를 좋아하여 정말 세상에 길이 남을 기발한 물건을 만들고 싶다는 생각을 할 수도 있습니다. 아직 해 보지 못했지만 꼭 해 보고 싶은 일은 무엇인지, 조금 더 능력 있는 사람이 된다면 어떤 일을 하면서 세상을 살아가고 싶은지에 대해 답해 보세요.

저는 제가 무엇을 원하는지에 대해 답을 찾기 어려워 책에서 조언을 구하거나 주변의 선배들을 붙잡고 여러 질문을 하기도 했습니다. 그렇지만 누군가에게 들은 이야기로 내 인생을 정하기엔 확신이 서지 않았습니다. 타인이나 책을 참고하더라도 결국에는 자기 스스로에 대한 고민의 시간을 많이 가진 만큼 나를 이해할 수 있습니다.

지금 당장 고민이 해결되지 않아도 좋습니다. 10년이란 시간이 걸려도 좋습니다. 그러니 꿈을 찾지 못했다고 스스로를 낮춰 보려고 하지 않았으면 좋겠습니다. 현재 자신의 모습을 생각하면 부족하다고 느낄 수도 있지만, 누구나 자신의 부족함을 채우기 위해 살아갑니다. 현재의 모습이 어떤 모습이든지 자신을 아껴 주세요. 긴 인생에서 출발이 조금 늦는 것쯤이야 별일 아닙니다. 조급해하지 말고, 인생은 마라톤이라 생각하고 멀리 바라보는 마음으로 살아가면 좋겠습니다.

조금 늦는다는 것, 그게 뭐 어떤가요? 긴 인생 속에 나의 길을 찾고 있는 노력하고 있는 것만으로도 괜찮지 않을까요?

실패가 두려워요

    용기를 가질 것, 후회하지 않을 것, 그리고 누구보다도 악착같이 도전할 것. 실패가 두렵다는 학생에게 이렇게 세 가지를 말씀드리고 싶습니다. 진로에 정답은 없습니다. 대학에서 근무하며 수능에 다시 도전해 새로운 대학에 가려는 학생들, 전과를 희망하거나 복수 전공을 생각하는 학생들을 정말 많이 봅니다. 소수의 사람을 제외하고 한 번에 자신의 흥미와 적성에 딱 맞는 진로를 찾는 사람은 매우 드물다는 것이죠. 정답이 없기에 자신만의 답을 찾아서 움직여야 합니다. 때로는 실패하는 과정 역시 나만의 답을 찾아가는 과정이라고 생각합니다.

1870년대 후반 유럽에서는 질식, 화재, 폭발 사고 등을 일으키는 가스등을 대체할 광원을 개발하고 있었습니다. 많은 사람이 이 시기에 에디슨이 전구를 발명했다고 알고 있지요. 사실 에디슨 전에도 23종이나 되는 전구가 존재했습니다. 그러나 에디슨 이전의 전구들은 오래 빛나게 하려면 불빛이 약해지고, 불빛을 강하게 하면 짧게 빛나다 꺼졌습니다. 에디슨과 동료들은 오래가는 필라멘트에 제격인 물질을 찾기 위해 6,000종 이상의 물질을 실험했습니다. 후에 이들은 탄화된 목화 실이 최적의 물질이란 사실을 알고, 1880년 1월 27일 특허를 출원했습니다.★ 에디슨은 이때 "나는 천 번 실패한 게 아니다. 천 번의 단계를 거쳐 전구를 발명한 것이다."라는 명언을 남겼다고 합니다.

　　또 다른 이야기입니다. 최근 대학을 막 졸업한 직장인을 만날 수 있게 되었습니다. 보안 관련 회사를 다니시는 분이었는데, 그분이 회사에 입사하게 된 계기가 참으로 놀라웠습니다. 보안과 연관된 일이라면 대개 채용 정보 자체를 찾기가 어렵습니다. 전자공학부를 전공한 그분은 사실 전과를 계획했었는데, 계획했던 전과에 실패하고 말았습니다. 예상하지 못한 상황에 마주하게 될 때 좌절에 빠지기

★　　그렉 옴, 《휴먼 엣지》, EBS BOOKS, 2021

쉬운데, 그분은 자신의 전공 속에서 할 수 있는 일을 찾기 위해 노력했다고 합니다. 그러던 중 암호와 연관된 일을 해 보자는 생각을 하게 되었고, 관련 회사의 채용 담당자가 자신의 이력서를 더 찾아볼 수 있도록 이력서에 구체적인 키워드를 설정하는 등으로 자신을 알리려 했다고 하더군요.

앞서 말한 에디슨과 보안 일을 하는 직장인의 이야기의 공통점은 무엇일까요? 바로 실패를 실패로 여기지 않고 실패를 통해 새로운 길로 나아갔다는 것입니다. 두 사람의 이야기처럼 살다 보면 정답이 없는 길을 가야 하는 상황이 존재합니다. 정답이 없는 길을 가는 것이 두려울 수 있습니다. 하지만 오히려 정답이 없어서 새로운 무언가를 발견하고, 더 성장할 수 있다는 점을 알면 좋겠습니다.

저도 진로 고민이 많았던 때가 있습니다. 수학교육과를 졸업하고도 수학 선생님이 되지 않았으니 학과 선택에 실패했다고 말할 수도 있겠습니다. 하지만 저는 실패라고 생각하지 않습니다. 수학을 전공한 덕분에 상담심리 대학원 과정에서 연구를 위한 통계 과목을 좀 더 쉽게 배울 수 있었습니다. 그 싫었던 수학 덕분에 사회조사분석사라는 자격증도 취득했습니다. 시간이 흐른 지금은 방황했던 그때의 경험을 바탕으로 진로 상담 분야에서 활약하고 있습니다. 교육부 산하 커리어넷에서 전국의 선생님들을 대상으로 강의를 하기도 하고, 온라인 심리 상담 프로그램에서도 진로 분야의 상담을 많이 하게 됩니다. 상담을 마무리하면서 도움을 받아서 고맙다는 이야기를 들을 때면 뿌듯함으로 하루를 버티기도 합니다.

치열하게 고민했던 시간, 정답을 찾지 못해 아팠던 방황의 시간, 실패라 느껴졌던 시간은 저를 같은 어려움을 겪는 학생들에게 도움을 주는 전문가로 만들어 주었습니다. 아프니까 청춘이라는 조언을 드리는 것은 아닙니다. 실패, 방황이라고만 느껴지는 시간도 여러분의 삶 속에서 하나의 거름이 된다는 믿음을 가져 보길 바라는 마음입니다.

스티브 잡스는 2005년 스탠포드 대학교 졸업식에서 졸업생들에게 "여러분은 지금의 순간들이 언젠가 미래와 연결된다는 것을 믿어야 합니다. 지금의 순간들이 미래로 이어진다는 믿음은 여러분에게 가슴이 시키는 대로 따라갈 수 있는 자신감을 줄 것입니다."라고 말했습니다.

수학에서는 크기 없이 위치만을 나타내는 것을 점이라고 합니다. 수많은 점이 모여서 선이 되고, 수많은 선이 모여 면이 되고, 그 속에 교선, 교점도 생긴다는 것을 우리는 이미 배웠습니다. 점을 연결하여 별을 만들어 갑시다. 실패를 두려워하지 말고 실험하고 또 실험히 십시오. 여러분이 하는 모든 것들은 의미가 있습니다. 여러분이 어떤 사람이 되는지 보려고 시도하는 게 인생 아니겠습니까?

꿈은 있는데 막막해요

　이 질문을 들으니 여러분이 현실의 벽에 부딪쳤을 수도 있겠다는 생각이 듭니다. 자신의 꿈과 목표를 이루기 위해 나아가는 과정에서 걸림돌을 만났을 수도 있겠습니다. 이를 전문적인 용어로는 '진로 장벽'이라고 표현합니다.

　진로 장벽의 요인은 개인적 요인과 환경적 요인으로 나뉩니다. 개인적 요인은 나에게 원인이 있는 것으로, 자기 이해의 부족, 낮은 자신감, 진로와 직업 정보의 부족이 있습니다. 내가 무엇을 좋아하고 잘하는지 모른다면 자기 이해의 부족, 내가 할 수 있는 일이 아닌 거 같다면 낮은 자신감, 내가 원하는 직업이 무슨 일을 하는지, 어떻게 해야 그 일을 할 수 있는지 모른다면 진로와 직업 정보의 부족으로

예를 들 수 있겠습니다.

환경적 요인은 개인적 요인 외에 외부에서 발생하는 진로 장벽의 요인을 말합니다. 예시로 가족 등 중요한 타인과의 갈등, 사회적 고정 관념과 편견, 경제적 어려움이 있습니다. 부모님은 일반고를 추천하시는데, 학생은 특성화고를 진학하고 싶어 갈등이 생긴다면 중요한 타인과의 갈등이 되겠죠? 꿈이 있지만 가정 형편이 어려워 진학보다는 취업을 우선으로 생각할 수도 있을 것이고, 대학을 졸업해야 사회적 지위가 높아진다는 고정 관념을 가질 수도 있을 것입니다.

꿈을 생각할 때 막막하기만 하다면 우선 내가 어떤 진로 장벽에 가로막혔는지 곰곰이 생각해 보세요. 어떻게 해야 할지 모르겠는 막막한 상태여도 왜 막막한지 원인을 파악하면 어떻게든 방법을 찾아낼 수 있습니다. 원인을 파악했다면 문제의 반은 해결한 것입니다. 그다음으로 중요한 것은 진로 장벽을 대하는 마음가짐입니다.

겨우 꿈을 찾았는데 나를 가로막는 장벽으로 꿈을 향해 나아가기 어렵다면 포기하고 싶은 마음이 들 수도 있습니다. 장벽이 너무나 큰 산처럼 보여 도저히 넘지 못할 것 같은 마음이 들 수도 있지요. 그러나 누구나 어려움을 겪습니다. 이 진로 장벽이 걸림돌이라고 생각할 수도 있지만, 벽을 어떻게 극복하느냐에 따라 디딤돌이 되기도 합니다. 결국 현재의 어려움을 어떻게 생각하느냐가 중요합니다. 물이 반 정도 차 있을 때 '반밖에 없네.'라고 생각하는 사람도 있겠지만 '반이나 남았네.'라고 생각하는 사람도 있습니다. 진로 장벽을 해결하기 위해서 때론 관점의 변화가 필요합니다. 할 수 있다는 마음을 가지고 장벽을 어떻게 극복할지 생각해 보세요.

장벽을 극복하는 방법에는 크게 네 가지가 있습닌다. 첫 번째로 장벽을 넘어뜨리는 방법입니다. 못할 것 같다는 생각에서 벗어나 할 수 있다는 믿음과 자신감을 가지고 도미노를 쓰러뜨리듯이 훅 넘겨 버리는 것입니다.

두 번째는 장벽을 부수는 방법입니다. 우리가 가지고 있는 편견, 차별을 깨뜨리는 것이지요. 《청년 도배사 이야기》라는 책에서는 사회복지학을 전공한 저자 배윤슬 씨가 건설 현장에서 벽지를 바르는 도배사로 일하게 된 계기를 이야기합니다.★ 도배사라는 직업을 가진 사람들은 아저씨일 것이라는 생각을 가지고 있지는 않았나요? 편견을 깨면

★ 배윤슬, 《청년 도배사 이야기》, 궁리, 2022

기능성이 더 넓어집니다.

세 번째는 장벽을 돌아가는 방법입니다. 어찌 목적지까지 가는 데 정공법만 선택할 수 있겠습니까? 교사가 되고 싶었지만 장벽에 막혀서 어떤 길을 찾아야 하는지 고민이 든다면 시야를 넓혀서 유사한 일을 하는 것도 하나의 방법일 수 있습니다. 저처럼 말입니다.

아무리 해도 안된다면 마지막으로 선택할 수 있는 방법은 장벽에서 돌아서는 방법입니다. 인생은 한정된 시간입니다. 때로는 비현실적인 목표를 두고 도전할 용기도 필요하지만 때로는 현실적으로 생각할 필요도 있습니다. 대통령이나 각 부처의 장관이 목표인 학생들도 있으리라 생각합니다. 만약 여러분들이 현재 상황을 잘 분석하고 실현 가능성을 판단했을 때 실현이 어렵다고 느껴진다면 새로운 실을 찾아야겠지요.

많은 학생들이 어려움을 겪고 있는 부모님과의 진로 희망 차이를 예로 이야기해 봅시다. 왜 우리 부모님은 우리가 원하는 직업을 응원해 주지 않을까요? 부모님이 여러분이 원하는 직업을 반대하는 마음 깊숙한 곳에서는 여러분이 잘 되길 바라는 마음이 클 것입니다. 여러분이 원하는 직업군들은 부모님 세대에서는 인식이 좋지 않던 일이거나 전혀 듣지 못한 일들이기에 부모님이 생각할 때 가장 안정적인 직업이나 학과를 추천하는 것입니다.

이 상황에서 첫 번째 방법을 사용하겠다면 부모님을 끊임없이 설득해 볼 수 있습니다. 예를 들어 프로게이머가 되고 싶다고 해 봅시다. 보통의 부모님들은 게임을 해서 어떻게 돈을 버냐는 반응이 많습니다. 하지만 여러분이 프로게이머가 되는 방법, 평균 연봉 등을 구체적으로 조사하여 이야기한다면 부모님께서도 프로게이머에 대한 정보를 바탕으로 다시 한 번 생각해 볼 기회가 생깁니다. 또한 정말로 하고 싶은 일에 열정을 가지고 자발적으로 열심히 공부하는 모습을 보인다면 부모님도 무조건 안된다며 맹목적인 반대를 하진 않으실 것입니다. 장벽을 넘어뜨리고 원하는 길로 나아가는 방법입니다.

두 번째 방법은 첫 번째 방법과 유사합니다. 부모님이 가지고 있는 직업에 대한 편견을 부수려고 노력하는 것입니다. 부모님이 편견에서 벗어나신다면 더 넓은 가능성을 확인하실 수 있을 테니까요. 그러나 부모님의 편견만 깨려고 하기보다 여러분도 부모님이 바라시는 직업에 대해 편견을 가지고 있지는 않았는지 함께 생각해 보세요. 부모님뿐만 아니라 나 또한 편견에서 벗어나 부모님이 원하는 직업의 장점을 바라볼 수 있을 때 미래의 가능성은 더욱 넓어실 것입니다.

　세 번째로 부모님의 의견을 꺾기가 쉽지 않다면 우선은 부모님이 원하시는 학과로 진학하는 것도 방법이 될 수 있습니다. 내가 원하는 꿈에 도달하기 위해 꼭 해당 학과에 진학해야 하는 것은 아닙니다. 그 학과에 진학하지 않았더라도 얼마든지 꿈을 이룰 수 있습니다. 물론 부모님을 설득해서 해당 학과에 진학하면 좋겠지만, 많은 학생이 이 세 번째 방법을 선택하곤 합니다.

　마지막 방법은 장벽에서 돌아서는 법으로 적극적인 추천을 드리고 싶지 않습니다. 당장은 부모님의 의견을 따르더라도 마음속에 품은 꿈을 잃지 않았으면 좋겠습니다. 30대가 되고 40대가 되어서 이루어도 괜찮습니다. 꿈은 포기하지만 않는다면 언젠가 반드시 이룰 수 있으니까요.

　함께 일하는 공무원 선생님의 이야기를 들려 주고 싶습니다. 그분은 항상 정신없이 바쁩니다. 혼자서 스무 명이 넘는 부서의 예산을 관리하다 보니 한 사람이 처리할 영수증을 하나씩만 줘도 공무원 선생님께는 스무 장이 생기는 것이죠. 너무 바빠서 힘들고 지칠 법도 하고, 자잘한 경비 처리 때문에 바쁘니 성장하기 어렵다는 생각에 불만을 가질 수도 있을 것 같았습니다. 그러나 그분은 싫은 티 하나

없이 일하시더군요. 그런 그에게 질문을 했습니다. "일이 즐거워요?" 그랬더니 그분은 "즐겁게 안 하면 제가 힘드니까요. 그런데 즐겁게 하니 즐거워요."라는 답변을 주었습니다.

　　꿈을 찾았다는 것만으로 여러분은 이미 큰 산을 넘었습니다. 어려움이 없는 사람은 없습니다. 어려움을 어떻게 바라보고 어떻게 대하는지가 더 중요합니다. 우연이라는 사건 속에서 기회를 잡아 피워 낼 아름다운 꽃을 기다려 보는 것, 그것만으로도 가치 있는 인생이지 않을까요?

좋아하는 일? 잘하는 일?

우리는 유치원 때부터 커서 무엇이 될지 고민합니다. 어릴 때는 별 고민 없이 희망 사항을 말했다면 크면서 점점 현실적인 고민을 하게 되죠. 그중에서도 좋아하는 일과 잘하는 일 중 어떤 것을 선택해야 하는지에 대한 고민을 하는 청소년들이 많습니다. 내가 좋아하는 일이 잘하는 일이기도 한다면 정말 좋겠지만, 그렇지 않은 경우도 많지요.

저 역시 그런 고민을 오랫동안 해 왔습니다. 책을 좋아했던 저는 서점을 운영하는 것이 꿈이었을 만큼 국어라는 과목을 좋아했습니다. 그런데 대학교에 진학할 때는 좋아하던 국어가 아닌 수학교육을 전공하게 되었습니다. 저를 잘 아는 지인들은 왜 좋아하던 국어가 아닌 수학을 전공했는지 많은 의문을 가졌습니다. 심지어 저는 수학을 잘하는 사람도 아니었고, 수학적 사고력이 뛰어난 사람도 아니었기 때문입니다. 스스로 "내가 수학을 잘 못해서 어려움을 겪었으니, 학생들은 어려움을 겪지 않도록 알기 쉽게 가르쳐 주고 싶었어."라는 대답을 하면서도 시원찮다는 생각뿐이었습니다. 저는 좋아하는 일도, 잘하는 일도 아니지만 세상에 도움이 되는 일이라고 생각하는 수학교육을 전공으로 선택했던 것입니다. 필요하다는 생각에 뛰어들었지만 좋아하지도 않고 잘하지도 않으니 이 길이 맞는지 고민이 들었습니다.

그러던 중 한 동기가 도서관에 앉아서 수학 문제만 바라보며 골똘히 생각하는 모습을 본 적이 있습니다. 팔짱을 낀 상태로 한참을 쳐다만 보더니 결국엔 자신만의 해법을 찾아서 수업 시간에 교수님께 질문을 하더군요. 그 동기는 수학 그 자체를 즐기는 것처럼 보였습니다. 반면에 저는 응용 문제에서 언제나 막혔고, 그 문제를 풀기 위해 노력하는 과정이 힘들었습니다.

지금 생각해 보면 좋아하는 일과 잘하는 일에 대한 고민이 부족했기에 벌어진 일이었습니다. 대학을 입학한 후에도 전공에 대해 많은 고민을 했습니다. 오히려 더 방황했습니다. 잘하고 싶은 전공을 선택했으나, 막상 내가 좋아하는 공부는 아니었던 것입니다. 그런 부분을 대학 입학 후 알게 되어 전공 수업 시간이 어찌나 괴로웠는지 모르겠습니다. 그렇지만 누군가를 탓할 수도 없는 노릇이었습니다. 모두 제 선택에 의한 결정이었기 때문입니다.

선택에 책임지기 위해 다른 전공 수업을 찾아 들으며 이제라도 좋아하면서 잘할 수 있는 일을 찾고자 노력했습니다. 경영학, 법학, 사회복지학, 심리학 등의 전공 수업을 찾아 다니며 끊임없이 고민했고, 선배들에게 상담을 받으며 방법을 찾아보기도 했습니다. 누군가가 답을 주진 않았습니다. 스스로 돈, 명예, 흥미, 적성 등 여러 직업 가치관 중에서 무엇이 가장 중요한지 끊임없이 질문했습니다. 결국 제가 정한 기준은 누군가에게 도움을 주고 사회를 위해 할 수 있는 일, 좋아하는 일이 우선이었습니다. 그런 고민이 있었기 때문에 지금의 좋아하면서도 잘할 수 있는 진로 상담사가 되지 않았나 생각해 봅니다.

좋아하는 일과 잘하는 일이란 질문에 대해 다시 고민해 봅시다. 좋아하면서도 잘할 수 있는 일을 한번에 찾는다면 금상첨화일 것입니다. 그러나 흥미와 적성을 모두 만족하는 일을 찾기는 정말 쉽지 않습니다. 잘하는 일을 직업으로 삼기엔 재미가 없을 것 같고, 좋아하는 일을 직업으로 삼기엔 먹고 살기 어려울 것 같은 고민이 들지요. 두 갈래의 길 중 하나를 택해야 한다면 어떤 선택을 하는 것이 좋을까요?

정답은 없습니다. 좋아하는 일을 계속하다 보면 잘하게 되고, 잘하는 일을 하다 보면 성취감이 들어 좋아하게 될 수도 있겠지요. 좋아하는 일이 아니어도 주변에서 능력 있다, 잘한다고 칭찬해 주는 것이 좋다면 잘하는 일을 선택할 것이고, 잘하지는 못하지만 이 일이 너무 좋아서 하는 것 자체로 행복하다면 좋아하는 일을 선택할 것입니다.

여러분만의 기준을 세워 보세요. 시뮬레이션을 돌려보는 것도 좋습니다. 한쪽에는 부족한 점이 많아 매일 혼나고 거절 당하지만 생각만 해도 가슴이 뛸 정도로 좋아하는 일, 한쪽에는 내가 좋아하는 일과 거리가 멀고 즐겁지 않지만 결과물을 낼 때마다 잘했다고 칭찬받는 일이 있다면 무엇을 선택하고 싶나요? 두 기준만으로는 선택하기 어렵다면 새로운 기준을 추가해서 판단해 보세요. '안정성'이 중요하다면 좋아하는 일과 잘하는 일 중 좀 더 안정적인 일은 무엇인지 살펴볼 수 있겠지요. '세상에 도움이 되는 일'이 중요하다면 둘 중에 어떤 일이 세상에 더 도움이 되는 일인지

따져 볼 수 있을 것입니다.

앞으로 선택과 결정을 해야 하는 순간은 더 많이 다가 올 것입니다. 그때를 위해서 한 번쯤 선택지를 결정하기 위한 기준점을 정해 보면 어떨까요? 나만의 기준이 있다면 고민이 한층 줄어들 것입니다.

직업 선택의 기준이 있나요?

앞서 자신만의 기준을 정해 보라고 했습니다. 일반적으로 사람들이 직업을 선택할 때 중요시하는 기준에는 무엇이 있을까요?

첫 번째는 돈입니다. 자본주의 사회에서 돈을 선택하는 것은 자연스러운 일이죠. 철학자 쇼펜하우어도 돈이 없는 사람은 자유인이 아니라고 했습니다.

하지만 돈이 많다고 꼭 자유를 얻는 것도 아닙니다. 현재 대기업에서 약 15년째 일하고 있는 한 선배로부터 전해 들은 이야기가 있습니다. 입사한지 15년이 넘었으니 연봉이야 말할 것 없으나 한 달에 두 번 쉬면 많이 쉬는 것이라고 하더군요. 돈을 추구하려면 열심히 일해야 하니 시간과 건강은 포기해야 할 수도 있습니다.

두 번째는 사회적 지위 혹은 명예입니다. 직업에는 귀천이 없다지만 사람들은 사회적 지위나 명예를 바라고 일을 하는 사람들도 있습니다. 다르게 말하면 타인에게 비춰지는 자신의 모습을 중요하게 여기는 것입니다.

대학원 선배 중 박사 학위를 딴 후 평생 안정적으로 월급을 받을 수 있는 연구소에 취직한 분이 있었습니다. 그러나 그분은 몇 년 후 매번 계약을 새로 해야 하는 곳으로 이직을 했습니다. 반드시 계약을 다시 할 거라는 보장이 없으니 처음의 직장보다 불안정한 곳이었죠. 그럼에도 선배가 직장을 옮긴 이유는 이직한 직장이 교수라는 직함을 주었기 때문입니다. 이 선배처럼 사회적으로 어떤 위상을 가지게 되는지가 중요한 선택의 기준이 되는 사람도 있을 것입니다.

세 번째는 흥미, 즐거움입니다. 흔히 가슴 뛰는 일을 하라는 조언이 여기에 속합니다. 아무리 돈을 많이 버는 일이라고 해도 자신이 좋아하는 일이 아니라면 하고 싶지 않다는 사람이 있습니다. 밥을 먹을 돈이 없어 쫄쫄 굶는다고 해도 내가 하고 싶은 일을 해야만 직성이 풀리는 사람도 있죠. 이런 사람들은 흥미가 직업을 선택할 때 가장 중요한 기준이 되는 사람들입니다.

대학 시절부터 사진을 좋아하던 한 후배는 카메라 한 대를 들고 프랑스에 가 몽마르트 언덕의 사진 작가가 되었습니다. 지금은 고향으로 돌아와서 여전히 사진과 관련된 일을 한다고 하니 좋아하던 취미가 일이 되는 경우라고 할 수 있겠지요.

네 번째는 의미 혹은 이타적 삶입니다. 돈이나 흥미보다도 내가 옳다고 생각하는 것, 자신의 가치를 실현하는 것이 가장 중요한 경우입니다.

사회적 기업가들이 이타적 삶을 가장 중요한 가치로 여기는 사람에 속합니다. 〈빅이슈〉라는 잡지를 아시나요? 이 잡지를 발행하는 '빅이슈 코리아'라는 회사는 노숙인들이 잡지를 팔며 경제 활동을 할 수 있도록 하는 사회적 기업입니다. 대학에서 근무하며 빅이슈 코리아에서 근무하는 분의 이야기를 들을 수 있었습니다. 그분은 사회적 기업을 운영하는 것이 경제적 측면 등 여러 부분에서 쉽진 않았지만 누군가에게 힘이 되어줄 수 있다는 것 자체가 의미있었다고 말했습니다.

이 네 가지 중 무엇이 옳고 그른지를 이야기하는 것이 아닙니다. 사람마다 추구하는 가치관이 다르니까요. 일하는 이유는 제시된 것보다 더 다양할 것입니다. 진로 탐색을 돕는 사이트 커리어넷(www.career.go.kr)에서 검사할 수 있는 직업 가치관 검사에서는 안정성, 보수, 일과 삶의 균형, 즐거움, 소속감, 자기계발, 도전성, 영향력, 사회적 기여, 성취, 사회적 인정, 자율성 총 열두 가지의 직업 가치관을 제시하고 있습니다.

부모님이나 친구가 추구하는 기준을 따라가기보다 어떤 이유로 일을 하려고 하는지, 어떤 꿈을 가지고 있는지 고민하며 나만의 기준을 찾아보면 좋겠습니다.

빠르게 변하는 세상이 두려워요

우리는 4차 산업 혁명 시대에 살고 있습니다. 하루가 다르게 새로운 제품이 등장하고, 며칠 전까지만 해도 신제품이었던 것이 성능이 떨어지는 이전 버전 취급을 받죠. 빠르게 변하는 세상이 두렵다는 마음도 충분히 이해합니다. 하지만 세상이 빠르게 변해 가기에, 현재 우리가 할 수 있는 것들에 더 충실해야 합니다. 여러 상황에 대한 대책을 준비하지 않는다면 갑작스럽게 마주한 새로운 사회 속에서 혼란과 갈등을 겪을 수 있습니다.

미래 시대의 직업은 어떻게 변할까요? 이미 조금씩 변화가 일어나고 있습니다. 일정 기간 동안만 근무하기로 계약하는 단기 계약직과 아르바이트처럼 임시로 근무하기로 계약하는 임시직이 늘어나면서 '평생 직장'이라는 말은 옛말이 된 지 오래입니다. 이런 형태의 경제를 '긱 경제(Gig Economy)'라고 합니다. 공유 경제로도 알려진 긱 경제는 직원을 정규직으로 고용하기보다 필요에 따라 단기 계약직 혹은 임시직으로 고용하는 형태의 경제를 말합니다. 미래에는 이런 일자리가 보편화될 것입니다.

인공지능와 기계의 발전도 빼놓을 수 없습니다. 이미 많은 기계가 인간의 노동을 대체했습니다. 빅데이터를 기반으로 스스로 답변을 만들어 내는 생성형 인공지능 챗GPT의 등장은 많은 사람을 놀라게 했지요. 미국의 사회학자 제레미 리프킨은 저서 《노동의 종말》에서 기술의 발전으로 인간 노동이 끝나는 시대가 올 것이라 전망하며 "지금 우리는 글로벌 시상과 생산의 자동화라는 새로운 시대에 진입하고 있다. 노동자가 거의 없는 경제로 향하는 길이 눈앞에 보이고 있다."*라고 진단했습니다. 미래학자 레이 커즈와일도 저서 《특이점이 온다》에서 "조만간 인공 지능이 지식과 정보의 습득 능력뿐 아니라 논리와 추론의 영역에서도 인간을 뛰어넘을 것"**이라고 전망했습니다.

★　제레미 리프킨, 《노동의 종말》, 민음사, 2005
★★　레이 커즈와일, 《특이점이 온다》, 김영사, 2007

지금 고등학교에서 공부를 제법 한다는 학생들은 의·치·수·약(의예과, 치의예과, 수의예과, 약학과)으로 진학하려고 합니다. 직업적 안정성과 함께 경제적으로도 부족함이 없고, 사회적으로도 인정받기 때문이죠. 그런데 이미 환자의 증상을 보고 원인을 찾아 치료법을 제시하는 왓슨이나 닥터앤서 같은 인공지능 의료 소프트웨어가 개발되어 활용되고 있습니다. 닥터앤서의 경우 전립선암 재발 예측 진단의 정확도가 95%라고 하니,*** 미래 의사의 역할에서 '진단'은 사라질 수도 있을 것입니다. 그 대신 새로운 의사의 역할이 생겨나겠죠. 의사라는 직업에 대한 인식이 바뀔지도 모르는 일입니다.

미래에 어떤 직업이 생겨날지 정확히 예측할 순 없지만 일의 방식은 천천히든 빠르게든 바뀌고 있는 것은 분명합니다. 그렇다면 현재 존재하는 일자리 중에서 나와 어울리는 일을 찾아보는 것도 좋지만, 여러분이 잘하는 취미와 적성을 통해서 시대에 적합한 새로운 일거리를 만들어 나가는 것도 하나의 방법이 될 수 있습니다.

미래를 살아갈 여러분이 과거의 누군가가 정해 둔 방

*** 김영숙, '국비 280억 투입..고혈압·당뇨도 AI 의료서비스 확대', 의협신문, 2021.04.29

향대로 길 필요가 있을까란 생각을 해 봅니다. 그 누군가가 이야기하는 것이 정답일 수 있을까요? 우리는 정답을 찾는 것에 익숙해 늘 가장 좋은 길, 정답을 찾으려고 합니다. 하지만 진로에는 정답이 없습니다. 가시밭길로 보여도 훗날 돌아보았을 때 나를 크게 성장시켜 준 고마운 길이 될 수도 있고, 당장은 걸림돌 하나 없는 탄탄대로처럼 보여도 이 길을 걸은 탓에 놓치는 것이 있을 수도 있습니다.

여러분의 길을 가세요. 낡은 지식에 얽매이고 사회의 관습에 따라 직업을 선택하기보다 여러분이 원하는 삶에 대해 생각하고 사회의 변화에 민감하게 반응했으면 합니다. 인간은 생각하는 능력이 있는 존재라고 하여 '슬기로운 사람'이라는 뜻의 라틴어인 '호모 사피엔스(Homo sapiens)'라고 불리고 있습니다. 이를 응용해 긍정 심리학의 창시자 마틴 셀리그먼을 비롯한 세계 최고 석학들은 인간을 '호모 프로스펙투스(Homo Prospectus)'라고 표현했습니다.★ '가능성에 대한 믿음으로 움직이는 사람'이라는 의미입니다.

미래에 대한 가능성을 믿고, 여러분이 하고자 하는 방향으로 나아가세요. 변화는 나에게만 일어나는 것이 아님

★　마틴 셀리그먼, 로이 바우마이스터, 피터 레일턴, 찬드라 스리파다, 《전망하는 인간, 호모 프로스펙투스》, 웅진지식하우스, 2016

니다. 과거에도 미래는 불확실했고, 앞으로도 불확실할 것입니다. 그것이 미래니까요. 미래에 대한 걱정이 앞설 수 있지만 지금 나에게 주어진 일, 지금 내가 하고 싶은 일에 충실합시다. 어느새 내가 했던 경험들이 쌓여 미래를 대비하는 밑거름이 되어 줄 것입니다.

저는 아무것도 아닌 것 같아요

니체는 《차라투스트라는 이렇게 말했다》에서 "춤추는 별을 낳으려면 자기 안에 혼돈이 있어야 한다."라고 말했습니다.[*] 니체의 말을 빌려 여러분에게 지금의 고민들은 모두 괜찮다고 말씀드리고 싶습니다. 혼돈이란 실수를 의미하는 것일 수도 있겠지요. 모두 괜찮습니다.

이 책을 읽고 있는 여러분과 또래일 수도 있는 친구의 이야기를 들려주고 싶습니다. 2014년, 미국 미시간주 플린트시에서 1만 명이 넘는 주민들이 납중독에 걸리는 사건이

---

[*]   프리드리히 니체, 《차라투스트라는 이렇게 말했다》, 민음사, 2004

일어났습니다. 국가적 비상 상태였습니다. 2005년에 태어나 당시 9살이던 기탄잘리 라오는 뉴스를 보며 잠을 이루지 못했다고 합니다. 끝없는 연구와 실험 끝에 라오는 탄소 나노 튜브를 이용해 물속의 납 성분을 감지하는 장치 '테티스(Tethys)'를 만들었습니다. 그 성과를 인정받아 11살에 미국 최고의 젊은 과학자상과 환경보호 대통령상을 수상했죠. 이외에도 약물 중독을 조기에 진단하는 장치 '에피온(Epione)'과 사이버 폭력을 방지하는 앱 '카인들리(Kindly)'를 개발했습니다.

그레타 툰베리라는 이름도 많이 들어 봤을 것입니다. 2003년 스웨덴에서 태어난 그레타 툰베리는 기후 변화에 대한 고민 끝에 2018년, '기후를 위한 학교 파업'이라는 피켓을 들고 기후 위기를 알리는 1인 시위를 시작했습니다. 1인 시위를 꾸준히 해 나간 결과 2019년에는 유엔 본부에서 열린 기후 행동 정상 회의에서 연설을 하게 되었죠.

비슷한 또래가 훌륭하게 사회를 바꿔 나가고 있는 이야기를 들으니 '나는 뭐하고 있지?'라는 생각이 들며 기운이 빠지나요? 그렇지만 여기서 이야기하고 싶은 것은 딱 한 가지입니다. 위대한 일을 하기 위해 성인이 될 필요는 없다는 것입니다.

우리는 모두 꿈을 가지고 있습니다. 어른들의 반대에 부딪히고 "현실적으로 그건 불가능하지 않을까?"라는 조언을 들으며 꿈이 작아지기도 합니다. 하지만 그런 순간에 상대적 박탈감을 느끼고 낙담하기보다 그저 어제보다 나아진 내 모습으로 하루하루를 살아가는 것이 중요합니다. 지나간 과거에 얽매여서 후회할 필요도 없습니다. 분명한 건 우리가 앞으로 나아가고 있다는 사실입니다. 꾸준하게 도전했을 때 우리의 모습이 어떻게 변화될지는 아무도 모릅니다. 우리는 자신의 과거는 바꿀 수 없지만, 현재와 미래는 바꿀 수 있습니다. 그러니 적어도 이 글을 읽는 여러분은 스스로를 쉽게 포기하지 않았으면 좋겠습니다.

모두가 기탄잘리 라오나 그레타 툰베리 같은 결과를 내지 못할 수도 있습니다. 내지 않아도 됩니다. 그렇지만 '나는 할 수 없어.'라고 생각하기보다 '아직 잘하는 것을 발견하지 못했으니 더 다양한 생각의 나래를 펼칠 수 있고, 더 이룰 수 있는 게 많을거야.'라고 생각하면 어떨까요?

작은 것부터 시작해 보세요. 너무 작고 사소해서 별거 아니라고 생각되는 일부터 시작하는 것도 좋습니다. 하루에 하나씩 좋았던 일 적어 보기, 일주일 동안 있었던 일 중 가장 좋았던 일 순위 매기기도 좋겠지요. 이미 좋아하는 일이 있다면 그 일을 꾸준히 해 보기를 추천합니다. 지금은 사소해 보이는 일일지라도, 이 사소한 일이 발판이 되어 어떤 멋진 일이 일어날지 모르는 일입니다. 여러분이 어디까지 갈 수 있는지 한번 도전하고 시험해 보길 바랍니다.

4장

뽀을 향해 나아가자

하늘의 별만큼 무수히 많은 직업

놀이 공원에 가 본 적이 있나요? 아마도 대부분 그렇다고 대답할 듯 하네요. 그럼 다시 질문해 보겠습니다. 놀이 공원에 가서 모든 놀이 기구를 다 타 본 적이 있나요?

이 질문에 그렇다고 대답하는 학생은 별로 없습니다. 저도 마찬가지입니다. 몇 년 전 아내와 함께 용인의 한 놀이 공원에 방문한 적이 있습니다. 본전을 뽑고 오겠다는 마음으로 개장 시간에 맞춰 가 첫 손님으로 입장했죠. 쉴 틈없이 돌아다니고 폐장 시간까지 남아 있었지만, 결국 모든 놀이 기구를 즐기진 못했습니다.

한 사람이 살면서 경험해 볼 수 있는 직업은 얼마나 될까요? 세상에 존재하는 직업의 종류는 놀이 공원에 있는 놀이 기구의 개수와 비교할 수 없을 정도로 많습니다. 2012년부터 2019년까지 고용노동부와 한국고용정보원이 우리나라의 직업에 대해 조사한 '한국직업사전 통합본'에 따르면 우리나라의 직업 수는 12,823개이며, 직업명은 16,891개입니다.* 엄청나게 많은 직업 수에 놀라지 않았나요? 직업 이름을 모두 적는 시험이 있다면 생각만 해도 끔찍합니다.

진로 상담사가 직업이며 다양한 직업에 관심을 갖고 공부하는 저도 새롭게 생기는 직업군들을 모두 잘 알지 못합니다. 한 번은 진로 상담을 하던 중 한 학생이 머천다이저(Merchandiser)**가 되기 위해선 어떻게 해야 하는지 물었습니다. 그 질문을 들은 순간 머리가 하얗게 되어 버렸습니다. '도대체 그 직업이 뭐지?'라는 생각이 들었습니다. 학생과 솔직하게 이야기를 한 후 직업에 대해 함께 알아보며 상담을 진행했던 기억이 납니다.

★   김중진 외 1명, 한국직업사전 통합본 제 5판, 고용노동부·한국고용정보원, 2020.05.28
★★   머천다이저(Merchandiser): 줄여서 MD. 주로 유통업체에 소속되어 있으면서 어떤 상품을 들여와 판매할 것인지를 결정하고 상품의 검수와 판매까지 관리하는 직업

직업은 이처럼 다양합니다. 세상에 존재하는 모든 직업을 알기가 불가능할 정도지요. 그런데도 학생들이 원하는 꿈을 들어 보면 거기서 거기로 천편일률적일 때가 많습니다. 다양한 직업이 있는데 좁은 문으로 들어가기 위해 애쓰는 모습을 보면 씁쓸하기도 합니다. 우리가 다양함을 모르기 때문은 아닐 것입니다. 너와 나는 다르다고 주장하지만, 막상 진로 선택에 있어서는 사회의 기준에 맞추기 위해 애쓰는 것입니다.

여러분이 선택한 직업은 정말 여러분이 원했던 직업인가요? 직업을 선택할 때는 '왜?'라는 의문이 중요합니다. 왜 이 직업을 장래 희망으로 선택을 했는지, 이 직업이 나에게 어떤 영향을 끼칠지에 대한 고민이 필요합니다. 동기의 진정성이라고도 할 수 있습니다.

흥미와 적성을 찾지 못했기 때문에 뻔한 장래 희망만 대답할 수도 있습니다. 하지만 수많은 직업 중에 흥미가 생기는 직업이 한두 개는 있으리라 생각합니다. 뻔한 직업군들에 대해서만 탐색하기보단 새롭고 특색 있는 직업들에 대하여 알아보는 건 어떨까요? 물론 모든 직업을 경험해 볼 순 없을 것입니다. 짧은 시간 내에 하나의 직업을 전부 파악하고 알아차린다는 것도 불가능에 가깝겠죠. 하지만 그렇기에 할 수 있는 만큼 직업에 대해 알아보려는 노력이 필요합니다.

아는 만큼 보입니다. 자세히 보려고 하는 만큼 더 많이 보일 것입니다. 여러분들은 지금 진로를 탐색하기 위해 어떤 노력을 하고 있나요?

흥미로운 직업 찾기

활동 순서

1. 워크넷(www.career.go.kr)의 직업·진로 탭에 접속한다.
2. 홈페이지에 나와 있는 직업들을 살펴보고 흥미로워 보이는 직업의 이름을 아래 표에 적는다.
3. 아래 표에 적은 직업들을 보며 하고 싶은 직업 순위를 매긴다.
4. 1~5위의 직업을 선정한 이유가 무엇인지 생각해 기록한다.

1		11	
2		12	
3		13	
4		14	
5		15	
6		16	
7		17	
8		18	
9		19	
10		20	

예시	**직업명: 작가**
	하고 싶은 이유: 글쓰기를 좋아해서 작가를 하면 즐거울 것 같다. 작가로 일하면 회사에 출근하는 것이 아니기 때문에 시간적 여유가 더 많을 것 같다.
	직업의 미래 전망: 요즘에는 소설을 원작으로 웹툰이나 드라마를 제작하는 리메이크 작품이 많아지는 추세인데, 인기 있는 작가가 되어 나의 작품이 웹툰이나 드라마로 만들어진다면 좋겠다.

1위	**직업명:**
	하고 싶은 이유:
	직업의 미래 전망:

2위	직업명:
	하고 싶은 이유:
	직업의 미래 전망:

3위	직업명:
	하고 싶은 이유:
	직업의 미래 전망:

4위	직업명:
	하고 싶은 이유:
	직업의 미래 전망:

5위	직업명:
	하고 싶은 이유:
	직업의 미래 전망:

너와 나의 차이는 무엇일까?

사람마다 각자 강점과 약점이 있습니다. 노래도 잘 부르면서 복잡한 수학 계산도 잘하고, 그림도 잘 그리고 운동 신경까지 뛰어난 사람은 극히 소수입니다. 물론 자신에게 부족한 부분을 보완하기 위해 노력하는 것은 훌륭한 태도입니다. 그러나 자칫하다가는 부족한 부분에 너무 몰두한 나머지 내가 잘하는 부분을 살리지 못할 수도 있습니다. 내가 노력하지 않아도 남들보다 잘 하는 부분이 나의 큰 무기인데 말입니다. 그래서 둘 사이에서 균형을 잘 잡는 것이 중요합니다.

저는 수학교육과를 졸업했지만 수학을 잘하지 못합니

다. 그런데 웃기게도 고등학교 시절 유일하게 다닌 학원은 수학입니다. 다른 과목은 학원의 도움 없이도 성적이 만족스럽게 나왔는데 수학은 그렇지 않아 학원의 도움이 필요했던 것입니다. 지금 생각해 보면, 잘하지 못하는 수학을 위해 시간을 사용하기보다 잘하는 과목을 더 잘하기 위해 노력하는 편이 낫지 않았나라는 생각이 들기도 합니다.

지피지기도 백전백승이라는 말이 있듯, 자신의 강점과 약점을 잘 분석하는 것이 중요합니다. 나에 대해 분석하고자 할 때 활용할 수 있는 방법을 소개하고자 합니다. 바로 SWOT 분석입니다. 기업에서 마케팅 전략을 검토할 때 활용되는 방법이지만 나를 살피기에도 좋은 방법이지요. 강점(Strengths), 약점(Weaknesses), 기회(Opportunities), 위협(Threats)의 앞 글자를 하나씩 따와 'SWOT'이라는 이름이 붙었습니다.

	긍정적 측면	부정적 측면
내부 환경	강점	약점
외부 환경	기회	위협

SWOT 분석

상섬과 악점은 내가 가지고 있는 나만의 특징에 대힌 장단점입니다. 예를 들어 꼼꼼하다, 노래를 잘한다, 글을 잘 쓴다와 같은 특징은 강점이 될 수 있을 것입니다. 반대로 덤벙거린다, 수학을 잘 못한다 등은 약점이 되겠지요.

기회와 위협은 외부 환경을 적용했을 때의 이야기입니다. 에를 들어 나는 글을 잘 쓰는데, 코로나19 이후로 학생들의 문해력이 떨어지면서 언어 능력이 좋은 사람이 줄어든다는 소식은 기회일 수 있습니다. 내 장점을 잘 살릴 수 있을테니까요. 그런데 오히려 코로나19로 문해력이 떨어진다는 소식에 모든 학교에서 글쓰기 교육을 열심히 시켜서 모든 학생들의 글쓰기 실력이 높아졌다고 해 봅시다. 내 강점이 글쓰기라면 이런 상황은 위협이 될 것입니다.

SWOT 분석을 한 뒤, 여러분들이 추후 각자의 강점과 약점, 기회와 위협을 받아들일 때 어떻게 하면 좋을지 아래 질문에 대한 답변을 고민해 보면 좋겠습니다.

강점×기회: 나에게 다가올 기회를 활용하여 강점을 극대화하는 방법은 무엇일까?
강점×위협: 나에게 다가올 위협을 피해 강점을 부각할 수 있는 방법은 무엇일까?

약점×기회: 내가 지닌 약점으로 인해 기회를 놓치지
않기 위한 대책은 무엇일까?

약점×위협: 내가 지닌 약점과 위협으로 발생할 수 있
는 최악의 사태를 피할 대책은 무엇일까?

현재의 입시 제도에서 잘할 수 있는 것만 하라는 것은
어불성설일 수도 있습니다. 자신의 약점을 인정하고 극복
하려는 노력도 필요합니다. 하지만 여러분에게는 여러분만
의 장점이 있다는 것을 확신하길 바랍니다. 강점을 토대로
기회를 만들고, 강점을 토대로 위협을 피할 수 있는 역량을
갖추길 바랍니다.

SWOT 분석하기

활동 순서

1. 나의 강점과 약점을 분석해 SWOT 분석표의 강점과 약점 칸을 작성한다.
2. 뉴스나 신문 기사를 통해 현재 사회가 어떤 방향으로 나아가고 있는지 살피며 외부 환경을 파악하다.
3. 외부 환경과 나의 강점, 약점을 토대로 기회와 위협을 작성한다.
4. 작성된 표를 토대로 네 가지 질문에 답변한다.

	긍정적	부정적
내부 환경	강점(Strengths)	약점(Weaknesses)
외부 환경	기회(Opportunities)	위협(Threats)

Q1. 강점X기회: 나에게 다가올 기회를 활용하여 강점을 극대화하는 방법은 무엇일까?

_____

_____

_____

_____

_____

_____

_____

_____

Q2. 강점X위협: 나에게 다가올 위협을 피해 강점을 부각할 수 있는 방법은 무엇일까?

_____

_____

_____

_____

_____

_____

_____

_____

Q3. 약점X기회: 내가 지닌 약점으로 인해 기회를 놓치지 않기 위한 대책
   은 무엇일까?

_____

_____

_____

_____

_____

_____

_____

Q4. 약점X위협: 내가 지닌 약점과 위협으로 발생할 수 있는 최악의 사태
   를 피할 대책은 무엇일까?

_____

_____

_____

_____

_____

_____

_____

_____

만다라트를 통해 자신의 역량을 만들자

    만다라트(Mandarat)는 목표를 달성하기 위해 계획을 구상하는 방법 중 하나입니다. 일본의 마츠무라 야스오 회장이 특허를 얻은 '만다라 사고법'을 기반으로 디자이너 이마이즈미 히로아키가 고안한 양식이지요. 진로에 대한 고민을 가지고 검색을 많이 한 학생들은 이미 알고 있을 수도 있을 만큼 유명한 양식입니다. 많은 진로 강의에서 만다라트 그리기를 추천하는 이유는 내가 이루고 싶은 중심 목표를 기준으로 목표를 이루기 위해 어떤 계획이 동반되는지 명확하게 시각화하여 볼 수 있기 때문입니다.

    오타니 쇼헤이라는 한 일본 야구 선수 이야기를 들려

드리고 싶습니다. 오디니 쇼헤이는 일본 출신으로 미국 메이저리그에 진출해 다방면에서 놀라운 활약을 보여 주는 선수입니다. 몇 년 전 그가 학창 시절에 그린 만다라트가 화제가 되었습니다. '일본 8개 구단 드래프트 1순위'를 목표로 이뤄야 하는 것들이 세세하게 적혀 있었죠. 오타니 쇼헤이는 하늘에서 뚝 떨어진 천재가 아닙니다. 그가 이렇게 성공할 수 있었던 이유는 어릴 때부터 최고의 야구 선수를 목표로 삼고, 구체적으로 어떤 것들을 준비해야 하는지 하나하나 생각해 철두철미하게 준비해 왔기 때문입니다.

만다라트를 만드는 방법은 간단합니다. 가로와 세로 3칸씩 구성된 9개의 큰 네모 상자 중 가운데 상자의 가운데 칸에 핵심 목표를 써 넣고, 주변의 작은 칸에 핵심 목표를 달성하기 위한 세부 목표를 적습니다. 이렇게 하면 8개의 세부 목표가 생깁니다. 이 세부 목표를 다시 바깥에 있는 상자의 가운데 칸에 적은 후 그 세부 목표를 달성하기 위해 구체적인 실천 과제를 작성하면 총 64개의 실천 과제가 완성됩니다. 하나의 최종 목표를 달성하기 위한 구체적인 로드맵이 그려지는 것이지요.

막연히 공부만 하기보다는 여러분들의 삶의 목표를 만들어 보십시오. 그리고 그 목표를 이루기 위한 만다라트를 완성해 보길 바랍니다.

몸 관리	영양제 먹기	FSQ 90kg	인스텝 개선	몸통강화	축을 흔들리지 않기	각도를 만든다	공을 위에서 던진다	손목강화
유연성	몸 만들기	RSQ 130kg	릴리즈 포인트 안정	제구	불안정함을 없애기	힘 모으기	구위	하체 주도로
스태미너	가동역	식사 저녁 7수저 (가득) 아침 3수저	하체강화	몸을 열지 않기	멘탈 컨트롤 하기	볼을 앞에서 릴리즈	회전수업	가동역
뚜렷한 목표, 목적을 가진다	일희일비 하지않기	머리는 차갑게 심장은 뜨겁게	몸 만들기	제구	구위	축을 돌리기	하체강화	체중증가
펀치에 강하게	멘탈	분위기에 휩쓸리지 않기	멘탈	8구단 드래프트 1순위	스피드 160km/h	몸통강화	스피드 160km/h	어깨주위 강화
마음의 파도를 만들지 말기	승리에 대한 집념	동료를 배려하는 마음	인간성	운	변화구	가동역	라이너 캐치볼	피칭을 늘리기
감성	사랑받는 사람	계획성	인사하기	쓰레기 줍기	부실 청소	카운트볼 늘리기	포크볼 완성	슬라이더의 구위
배려	인간성	감사	물건을 소중히 쓰자	운	심판을 대하는 태도	늦게 낙차가 있는 커브	변화구	좌타자 결정구
예의	신뢰받는 사람	지속력	플러스 사고	응원받는 사람이 되자	책읽기	직구와 같은 폼으로 던지기	스트라이크 에서 볼을 던지는 제구	거리를 이미지한다

오타니 쇼헤이가 16살에 작성한 만다라트

출처: 스포츠닛폰

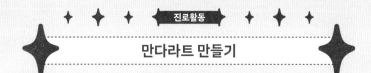

만다라트 만들기

활동 순서

1. 가장 이루고 싶은 최종 목표를 가운데 상자의 가운데 칸에 적는다.
2. 그 목표를 이루기 위해 필요한 세부 목표를 주변 칸에 적는다.
3. 8개의 세부 목표를 바깥에 있는 상자의 가운데 칸에 적는다.
4. 세부 목표를 달성하기 위한 구체적인 과제를 작성한다.

나의 과거와 미래

 인생 직업 로드맵 그리기는 앞으로 내가 살아갈 인생을 직업 중심으로 정리해 보는 활동입니다. 하얀 종이와 펜만 있으면 할 수 있는 간단한 활동이지요. 그런데 진로 강의에서 학생들에게 인생 직업 로드맵을 그려 보라고 하면 대부분 무엇을 해야 할지 몰라 멀뚱멀뚱 저를 쳐다봅니다. 저는 이야기합니다. "완벽하게 하려고 하지 마세요."

 로드맵은 언제든지 바뀔 수 있습니다. 하지만 바뀌기 때문에 작성할 필요가 없다고 느끼진 않았으면 좋겠습니다. 나중에 배가 고파질 걸 알면서도 식사 시간이 되면 맛있는 음식을 먹기 위해 고민하지 않나요? 변화 가능성을 열어 두되, 미리 계획을 세워 보는 것도 필요한 일입니다.

예시로 저의 간단한 로드맵을 공개하면 아래와 같습니다.

세상을 바라보다

과학자가 되고 싶었던 5세

교육자가 되고 싶었던 학창 시절
(초등학교…고등학교)
[3년 간의 회계]
[봉사상]

사범대학 졸업을 앞두고
미래를 고민하다
[학생회 활동]
[학생 자율 방범단 창설]
[학생홍보대사 지원]

과학 연구원
중등학교 계약직 교사

대학원 진학

상담사의 길
[시장으로부터 청소년지도사 위촉]

학습전문가의 길

입학사정관의 길

새로운 삶을 기대하다

우선 과거의 사건을 정리해 보세요. 사람은 경험을 축적하며 성장합니다. 여러분이 과거에 겪었던 경험들은 다른 누구의 것도 아닌 여러분만의 경험입니다. 내가 쌓아온 경험은 어떤 경험이었는지 잘 정리하는 과정이 나 스스로를 이해하는 데 도움을 주기도 합니다. 구체적인 년도를 함께 기재하는 것도 좋습니다.

미래에 대해 작성할 때는 10년 뒤, 20년 뒤의 모습을 상상하며 작성하길 바랍니다. 제가 존경하는 오스트리아의 심리학자 빅터 프랭클은 80세까지 암벽 등반을 즐겼고, 경비행기 자격증을 따기도 했습니다. 93세에 영면에 들어가기 전까지 강의와 집필을 쉬지 않았습니다.* 빅터 프랭클 이외에도 요즘에는 늦은 나이에 새로운 도전을 하는 경우가 적지 않습니다. 나이에 한계를 두기보다 120세 혹은 그 이상까지 산다고 가정하고 하고 싶은 일을 모두 담아 보세요.

일이라는 것은 결국 자신을 의미합니다. 그렇기 때문에 첫째도 둘째도 자기 분석이 필수입니다. 자기 분석이란 앞서 이야기한 가치관, 흥미, 적성, 성격 등에 대한 철저한 연구겠지요. 살아가면서 어떤 직업을 거칠 것인지, 결국 그

★   빅터 프랭클, 《빅터 프랭클》, 특별한서재, 2021

직업을 통해 이루고자 하는 꿈은 무엇인지 생각한 뒤 로드
맵을 그린다면 고민이 줄어들 것입니다.

인생 직업 로드맵 그리기

활동 순서

1. 이루고 싶은 진로 버킷리스트를 적는다.
2. 인생 직업 로드맵 세로 선의 가장 윗 부분을 출생으로 하여, 지금까지 있었던 사건 중 중요하다고 생각되는 사건들을 정리한다.
3. 현재 나이 이후의 미래를 작성할 때는 이루고 싶은 나의 꿈을 염두에 두고, 어떤 단계를 거쳐 나아갈 것인지 생각해 적는다.

진로 버킷리스트

장래 희망, 직업을 통해 이루고 싶은 꿈을 아래에 모두 적어 보세요.

1	
2	
3	
4	
5	
6	
7	
8	
9	
10	

인생 직업 로드맵

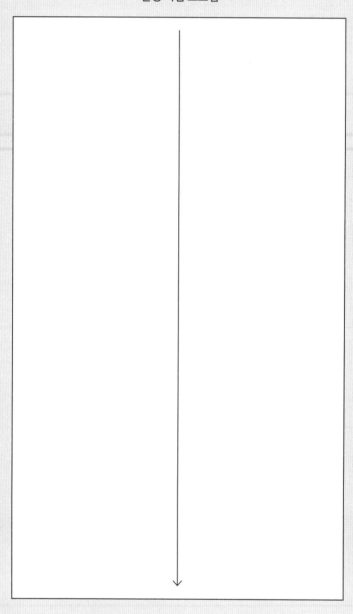

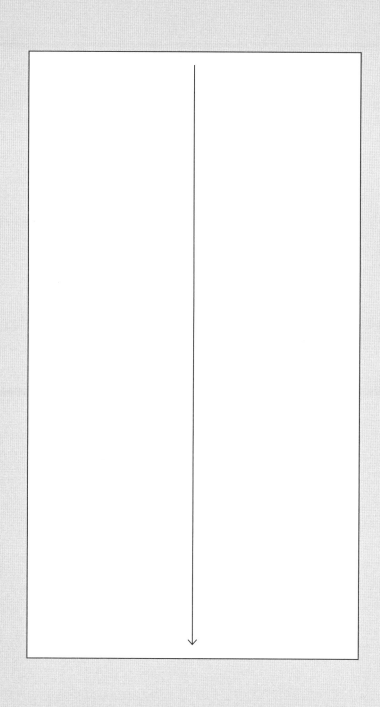

꿈을 현실로 만드는 힘, 상상!

　　미래를 구체적으로 상상할수록 그 미래를 현실로 만들 가능성이 높다고 합니다. 상상을 하면서 어떻게 행동해야 할지 생각하게 되고, 머릿속으로 많이 생각하다 보면 행동으로 옮기기도 쉬워진다는 것입니다. 하지만 갑자기 미래를 상상해 보라고 하면 무엇부터 생각해야 할지 막막한 마음이 들기도 합니다. 어떻게 해야 할까요?

　　진로 활동 중에 '나의 진로 명함 만들기'라는 활동이 있습니다. 미래에 어떤 분야의 전문가가 되어 있을지 상상해 보고, 그런 미래의 자신을 소개하는 활동입니다. 나의 미래 명함을 만들며 미래의 내 모습을 상상해 볼 수 있겠지요. 만일 아직 명확한 장래 희망이 없다면, 존재하는 직업 중에서 고르지 말고 내 관심사 두 가지를 융합하여 새로운 직업을 만들어 내는 방법도 있습니다. 예를 들어 꽃꽂이와 심리학에 관심이 있는 학생이 있다고 해 봅시다. 꽃꽂이와 심리학은 전혀 관계가 없어 보이지만, 이 둘을 합쳐서 식물을 가지고 심리 상담을 진행하는 원예치료사라는 직업을 만들어 낼 수도 있습니다. 원예치료사는 이미 이런 직업의 융합을 통해 생겨난 직업이기도 합니다.

명함만으로는 미래의 내 모습이 생생하게 다가오지 않는다면 자신의 미래 일기를 써 보는 방법도 있습니다. 자신의 미래를 생각하며 하루 일과를 작성하거나 미래의 자신이 일을 하면서 느낄 것 같은 느낌이나 감정, 삶의 의미를 현실처럼 작성해 보는 것입니다.

교육혁신가이자 미래학자인 마크 프렌스키는《세상에 없던 아이들이 온다》에서 일을 단순히 직업으로 바라보기보다 자신에게 의미 있는 활동으로 재인식해야 한다고 주장했습니다.* 저 역시 그의 의견에 동의합니다. 세상은 변

★   마크 프렌스키,《세상에 없던 아이들이 온다》, 한문화, 2023

하고 있습니나. 앞으로는 점점 기존에 존재하는 직업에 니를 끼워 맞추기보다 내가 가지고 있는 관심사를 가지고 창의적인 일을 만들어 내는 경우가 많아질 것입니다. 미래 명함 만들기, 미래 일기 쓰기 활동을 통해 앞으로 어떤 일을 할지 구체적으로 상상하는 기회를 가져 보길 바랍니다.

진로 명함 만들기

활동 순서

1. 명함에 들어가는 구성 요소들을 살펴본다. (이름, 직업명, 연락처, 홍보 문구 등)
2. 미래의 내 모습을 상상하며 명함을 꾸민다.

	이름: 신종원
	직업명 및 직위: 청소년 진로 상담사
	연락처: 010-1234-5678 jongwon@porche.com

저는 이런 사람입니다

- 수학을 전공하여 좀 더 객관적인 관점에서 여러분의 고민을 들어줄 수 있는 상담사
- 다양한 자격과 경험을 통해 진로와 진학을 함께 다룰 수 있는 상담사

나만의 강점

- 많은 온라인 상담 경력으로, 글자에서도 감정을 읽어 낼 수 있습니다. 대면 상담이 부담스러운 분도 편안하게 온라인으로 상담해 드리겠습니다.

	이름:
	직업명 및 직위:
	연락처:

저는 이런 사람입니다

나만의 강점

미래 일기 쓰기

활동 순서

1. 내가 이루고 싶은 직업을 가진 직업인들은 어떤 일상을 보내는지 조사한 뒤, 그런 일상을 보내는 미래의 내 모습을 상상하며 일기를 작성한다.

※ 내가 희망하는 직업인들은 일상에서 어떤 사건을 마주하는지, 해결해야 하는 문제에는 어떤 것들이 있는지 살펴보세요.

※ 나라면 그 문제들을 어떻게 해결할지, 그 과정에서 어떤 마음이 들지, 동료들과의 관계는 어떨지에 대해 구체적으로 상상해 보세요.

※ 새로운 기술이 개발되어 달라질 미래의 모습을 참고하여 일기를 작성해 보세요.

날짜:　　　년　　　월　　　일　　날씨:

제목:

_____

_____

_____

_____

_____

_____

나만의 브랜딩하기

　'브랜드'는 유통이나 경영 관련 업계에서 자주 사용하는 용어로, 경쟁자들의 것과 차별화하기 위한 우리만의 독특한 이름이나 상징을 의미합니다. 영어 단어 'Brand'는 '불에 달구어 지지다'라는 의미의 고대 노르웨이어 'Brandr'에서 유래되었다고 합니다. 고대 유럽 시대에 가축의 소유를 표시하기 위해 가축의 가죽에 불에 달군 낙인을 찍어 자신의 것임을 알려주던 것에서 시작된 것이죠.

　브랜드에 진행의 의미인 '-ing'가 붙은 '브랜딩(Branding)'은 고객에게 내가 전하고 싶은 브랜드의 가치와 이미지를 인지하게 하는 과정을 의미합니다. 좋아하는 상표를 떠올렸을 때 드는 느낌을 생각하면 쉬울 것입니다. 무엇이 떠오르나요? 귀엽고 발랄한 이미지? 힙하고 시크한 이미지? 그런 이미지가 떠오르도록 만들어 가는 과정이 바로 브랜딩입니다.

좋아하는 상표에서 어떤 이미지가 떠오르듯이 사람을 생각할 때도 떠오르는 느낌, 떠오르는 생각이 있습니다. 쑥스러운 이야기이지만 저를 보면 많은 사람들이 성실하다는 이미지를 떠올린다고 합니다. 제가 생각할 땐 저보다 성실한 사람이 많지만, 제가 성실하게 임하던 순간의 모습을 본 누군가의 눈에는 성실함의 이미지가 고정관념처럼 굳어져 버린 것입니다. 이처럼 브랜딩을 한다는 건 고정관념처럼 굳어져도 괜찮은 나다운 모습, 진정한 자신의 모습일 것입니다.

브랜딩을 하기 위해선 자신에 대한 이해는 필수적입니다. 하지만 진지하게 자신에 대해 생각해 보고, 끊임없이 성찰해도 자신을 100% 아는 것은 쉽지 않은 일입니다. 그래서 많은 학자들이 스스로를 이해하는 방법에 대해 연구했습니다. 그중 하나가 '조하리의 창'*입니다. 1955년 심리

★   Joe Luft and Harry Ingham, "The Johari window, a graphic model of inter-personal awareness". Proceedings of the Western Training Laboratory in Group Development, Los Angeles: University of California, 1955

학자 조셉 루프트와 해리 잉햄에 의해 개발된 조해리의 창은 자아 성장과 자기 인식을 이해하는 데 도움을 주는 표입니다.

타인인식 ＼ 자기인식	자기가 알고 있음	자기가 모르고 있음
타인이 알고 있음	개방된 자기(Open)	가려진 자기(Blind)
타인이 모르고 있음	숨겨진 자기(Hidden)	미지의 자기(Unknown)

조하리의 창

개방된 자기 영역(Open)은 타인도 알고, 나도 알고 있는 나에 대한 정보입니다. 모두에게 드러나 있으며 일반적으로 자주 사용하는 영역이죠.

가려진 자기 영역(Blind)은 자신은 알지 못하지만 다른 사람이 나에 대해 알고 있는 영역입니다. 친구가 나도 몰랐던 내 모습을 관찰해 나에게 이런 모습이 있음을 알려 주며 진심 어린 조언을 건네는 경우가 포함됩니다.

숨겨진 자기 영역(Hidden)은 자신은 알고 있지만 다른 사람에게 드러나지 않는 부분입니다. 자신만 알고 있는 사건이나 내용, 민감한 감정을 느끼는 문제가 여기에 속합니다. 오로지 혼자 있을 때만 나타나는 내 모습도 숨겨진 자기 영역에 포함될 것입니다.

마지막으로 미지의 자기 영역(Unknown)은 자신을 포함해 모두가 알지 못하는 부분입니다. 한 번도 해 보지 않은 것을 도전했을 때 의외의 재능을 보인다면 미지의 자기 영역에 있던 것을 개방된 자기 영역으로 이동시킨 것이겠지요.

조하리의 창을 토대로 보면 우리는 개방된 자기 영역을 확장시킴으로써 성장해 갈 수 있습니다. 브랜딩을 하기 위해서는 우선 자신이 어떤 영역을 주로 사용하는지 파악해야 합니다. 그리고 나의 영역을 고려하여 어떤 이미지를 만들 수 있을지, 어떻게 자신만의 스토리를 만들 것인지에 대한 고민이 필요합니다.

다른 사람과 비슷하게 사는 것은 어렵지 않습니다. 그러나 다르게 산다는 건 용기가 필요한 일입니다. 그렇기에 '1위', '최고'보다 '오직 하나'가 되리고 주장하고 싶습니다. 남들과 다른 나만의 모습을 찾았다면, 그리고 그것이 나라는 사람이라고 인정하고 이야기할 수 있는 용기가 있다면, 서서히 자신만의 브랜딩을 하고 있다고 생각합니다. MBTI 검사로 자신의 성향을 표현하기도 하지만, 열여섯 가지 유형 속에 자신을 가두기보다 그 안에서도 나만이 가지고 있는 부분을 찾아보세요. 그리고 그 부분을 잘 살려 보세요. 브랜딩을 통해 '나는 이런 사람입니다.'를 1분 안에 이야기하는 연습을 한다면 더욱 좋습니다.

자신만의 색깔이 분명한 사람이 있습니다. 내가 하고 싶은 것과 나의 느낌을 존중하면서 살아 봅시다. 인생은 선택의 연속이고, 선택에 따라 인생의 모습은 달라집니다. 자신만의 생각을 가지고 살아갈 때 자신의 삶에 대한 기대가 생기지 않을까요?

셀프 브랜딩하기

활동 순서

1. 제시된 형용사들을 보며 아래의 질문에 대해 생각한다.
   - 나에게 있는 모습은 무엇인가?
   - 상대방에게 보여지는 내 모습은 무엇인가?
   - 나는 어떤 모습을 자주 나타내는가?
   - 마음에 들고 되고 싶은 모습은 무엇인가?
2. 제시된 형용사 중에서 자신과 가깝다고 느껴지는 6개를 고른다.
3. 가족과 친구에게 나와 어울리는 형용사를 골라달라고 부탁한다.
4. 체크된 형용사를 '조하리의 창' 표에 정리한다.
   나와 다른 사람이 모두 체크한 형용사 ☞ 개방된 자기
   나는 체크했지만 다른 사람은 체크하지 않은 형용사 ☞ 숨겨진 자기
   나는 체크하지 않았지만 다른 사람이 체크한 형용사 ☞ 가려진 자기
   나와 다른 사람 모두 체크하지 않은 형용사 ☞ 미지의 자기

재능있는	쾌활한	마음이 넓은	성숙한
솔직한	영리한	독창적인	겸손한
융통성 있는	까다로운	총명한	겁이 많은
대담한	자신감 있는	내성적인	철저한
체계적인	믿음직한	친절한	슬기로운
용감한	위엄있는	유식한	재치있는
침착한	이해심있는	다정한	신뢰할 수 있는
조용한	활동적인	논리적인	외향적인

조하리의 창

자기인식 타인인식	자기가 알고 있음	자기가 모르고 있음
타인이 알고 있음	개방된 자기(Open)	가려진 자기(Blind)
타인이 모르고 있음	숨겨진 자기(Hidden)	미지의 자기(Unknown)

1. 사람들이 나를 생각할 때 떠오르는 이미지

_____

_____

_____

_____

_____

_____

_____

_____

2. 내가 만들어 가고 싶은 이미지

_____

_____

_____

_____

_____

_____

_____

_____

3. 자기소개

_____

_____

_____

_____

_____

_____

_____

_____

_____

_____

_____

_____

_____

_____

_____

_____

_____

_____

_____

_____

_____

N잡러를 꿈꾸자

짧은 교사 생활을 마무리한 후 대학원에 진학해 아무도 모르는 곳에서 어색하게 앉아 있는데, 한 동기가 다가왔습니다. 다가와 준 동기가 고맙기도 하면서 어색했던 기억이 납니다. 수업이 끝나고 이야기를 하니 마침 동갑내기여서 말을 편하게 하기로 했습니다. 저녁 식사를 하며 갑자기 "넌 취미가 뭐니?"라고 묻길래, "책 읽기?"라고 대답했습니다. 그다음 이어진 대화가 아직도 기억에 남습니다. 그 친구는 한 가지 취미만 있으면 그 취미가 지루해질 때 할게 없으니 취미는 많을수록 좋다는 지론을 펼쳤습니다. 친구의 이야기는 저에게 색다른 견해를 가져다주었습니다.

평생을 살면서 몇 가지 직업을 가질 수 있는지 생각해 본 적이 있습니다. 적어도 한 가지 직업을 가지고 한 모습을 살기엔 아쉽다는 생각이 듭니다. 취미에 대한 호기심을 꾸준히 가진다면, 낮에는 본캐로, 밤에는 부캐로 살아갈 수 있지 않을까요?

사람들이 많이 사용하는 SNS을 보면 자신만의 브랜딩이 잘 묻어 나옵니다. 자신의 강점, 취미 등을 통해 자신의 영향력을 키우는 것입니다. 저의 경우 북스타그램을 운영하며 나름대로 책을 좋아하는 사람이라는 이미지를 만드는 중입니다. 당장은 눈에 보이는 결과가 나오진 않지만 주위에서 "책을 어떻게 그렇게 많이 읽니?", "심심할 때 네 서평을 참고하고 있어."라는 이야기를 듣기도 합니다. 아무래도 '책 소개자'라는 이미지가 만들어진 게 아닐까 싶습니다. 북스타그램을 운영하며 서평을 작성하는 사람들과 연결이 되고, 다양한 서평가들도 알게 되었습니다. 시간이 흐른 뒤엔 저도 유튜버라는 직업을 가질 수도 있지 않을까요?

취미는 삶의 윤활제 같은 역할이라고 생각합니다. 여러분은 쉴 틈 없이 일하며 살고 싶나요, 일도 열심히 하지만 가끔은 마음이 즐겁고 편안한 활동을 하며 자신을 보듬

으며 살고 싶나요? 최근 저는 취미로 그림을 그리고 있습니다. 잘 그리진 못해도 그림을 그릴 때 시간 가는 줄 모릅니다. 아직 미숙하지만 꾸준히 하다 보면 어떤 결과로 이어질 지 모르는 일이지요. 사진 촬영도 좋아하는 일입니다. 꾸준히 하다 보니 대학 공모전에서 입상을 하기도 했습니다. 언젠가는 그림과 사진 촬영으로 부업을 하게 될 수도 있겠죠?

요즘에는 큰돈을 들이지 않고도 배울 수 있는 것들이 많습니다. 유튜브를 보면서 배울 수도 있고, 책을 보며 배울 수도 있고, 온라인 강의를 수강할 수도 있습니다. 자투리 시간을 활용해 좋아하는 취미를 꾸준히 해 나가길 바랍니다. 긱 경제 사회에서는 현재 우리가 취미 활동, 봉사 활동으로만 하던 일을 직업으로 가지게 될 것입니다. 자신이 만든 작품을 온라인에서 손쉽게 판매할 수도 있고, 크라우드 펀딩 등을 통해서 개인의 창작 활동을 지원받기도 합니다. 앞으로의 세상에서는 취미란 '즐기는 일' 그 이상의 의미를 가지게 될 것입니다.

여러분, 최대한 많은 경험을 하세요. 많은 경험을 통해 내가 무엇을 좋아하고 무엇을 잘하는지 찾고, 다양한 길로 나아가세요. 실패를 두려워하지 마세요. 그리고 인내하며 마음을 열고 시도하세요. 다양한 경험은 피가 되고 살이 된다는 이야기를 전하고 싶습니다. 여러분이 다양한 경험을 통해 결국 하고 싶은 일을 찾았을 때 'OOO답다', 'OOO스럽다'라는 자신만의 이미지가 생길 것입니다.

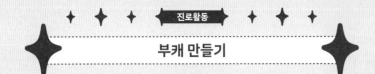

부캐 만들기

활동 순서

1. 좋아하는 일, 혹은 취미 다섯 가지를 떠올려 본다.
2. 각각의 취미를 통해 어떤 부캐를 만들 수 있을지 상상한 뒤 부캐의 이름, 성격, 특기 등을 설정해 이미지를 그려 본다.

예시	좋아하는 일: 책 읽기
(생김새)	이름: 독서만렙 책신
	성격: 논리적임, 철두철미
	특기: 책을 읽고 분석, 요약하기를 잘함
	부캐를 소개하는 한마디: 세상 모든 책을 내 것으로!

1	좋아하는 일:
	이름:
	성격:
	특기:
	부캐를 소개하는 한마디:

2	좋아하는 일:
	이름:
	성격:
	특기:
	부캐를 소개하는 한마디:

3	좋아하는 일:
	이름:
	성격:
	특기:
	부캐를 소개하는 한마디:

4	좋아하는 일:
	이름:
	성격:
	특기:
	부캐를 소개하는 한마디:

5	좋아하는 일:
	이름:
	성격:
	특기:
	부캐를 소개하는 한마디:

찾아가는 인터뷰:
청소년 진로 상담사의 세계

신종원 선생님, 안녕하세요. 오늘은 청소년 진로 상담사를 꿈꾸는 친구들이 궁금해 힐 법한 질문들을 모아 인터뷰를 진행하고자 합니다. 먼저, 상담사를 꿈꾸는 학생은 대학교에 진학할 때 어떤 학과에 지원하는 것이 좋은가요?

근래 상담사가 되고 싶어하는 청소년들을 많이 만나는데, 대부분 상담사가 되려면 심리학과에 진학해야 한다고 알고 있습니다. 물론 심리학과가 대표적이긴 하지만 교육학과, 사회복지학과, 청소년지도학과, 아동학과 등 다양한 학과를 졸업한 상담사도 많이 있습니다. 저를 상담 분야로 안내해 준 선배는 심리학 전공, 저는 교육학 전공, 저의 아내는 사회복지학 전공이지만 모두 같은 상담 분야에서 일을 했습니다.

선생님은 상담사이시면서 입학사정관으로도 일하고 계십니다. 선생님께서는 상담 관련 학과에 지원한 학생들 중 어떤 학생을 선발하고 싶으신가요?

무엇보다 학생들의 목표를 향한 도전과 꾸준함이 중요합니다. 상담사가 되기 위해 학창 시절 관련 분야에 어떤 관심을 가졌고, 그 관심을 해결하기 위해 어떤 노력을 했는지가 학생부에 드러나는 것이 중요하죠. 선발하고 싶은 학생은 역시나 학과 진학을 위한 노력과 결과가 분명히 나타나는 학생입니다.

상담 관련 학과를 졸업하지 못해서 상담 대학원에 진학하고자 할 때 갖춰야 하는 자격 요건이 있나요?

특별히 제한을 두진 않습니다. 함께 공부한 동문을 살펴봐도 다양한 학부 전공자가 많습니다. 다만 대학원 진학 시 학부 전공과 대학원 전공이 일치하지 않을 경우 수업을 더 들어야 할 수도 있습니다. 질문과 다른 답변을 조금 더 덧붙이자면 대학의 학과에 너무 집착하지 않았으면 좋겠다고 말씀드리고 싶습니다. 대학 진학시 원하는 학과를 가지 못해 재수를 고려할 수도 있지만, 대학에서는 전과나 복수 전공 제도를 두고 있기에 기회는 얼마든지 있습니다.

대학이나 대학원에서 상담을 전공하기만 하면 바로 상담사로 일할 수 있나요?

저는 대학원을 졸업하기 전에도 학생 신분에서 첫 상담을 진행했습니다. 상담사가 되기 위한 수련을 받는 과정에서 철저하게 슈퍼바이저의 지도 하에 진행이 됩니다. 아마 그때 학생들은 저를 상담사로 생각하고 있었을 것입니다. 여러분들이 보기에는 '자격이 주어진 것도 아닌데 상담을 하면 안되는 거 아닌가?'라는 생각이 들 수도 있을 것입니다.

엄밀히 따지면 상담 전공으로 졸업을 한 순간부터 상담사로 불릴 수는 있지만 진정한 상담사는 아닙니다. 2019년 7월 KBS에서 방영된 추적 60분에 따르면 우리나라에 등록된 상담 관련 민간 자격증은 4,000여 개가 넘는나고 합니다. 그래서 제대로 된 상담사가 되기 위해선 일반적으로 한국심리학회(한국상담심리학회), 한국상담학회에서 추가로 수련을 받습니다. 대학원 과정만으로는 이론과 실제를 다루기 어렵기 때문입니다. 제가 자격을 취득한 한국상담학회에서는 대학이나 대학원에서 상담 관련 과목을 이수하고, 180시간 이상의 수련 시간을 갖춘 후 면접 시험을 통과해야 자격을 취득할 수 있습니다. 그리고 국가 자격증으로는 전문상담교사, 청소년상담사, 임상심리사라는 자격증이 있습니다. 자격을 갖춘 것만으로 전문가라 할 수는 없겠지만, 전문가의 길을 걷기 위한 기본적인 준비라고 생각합니다.

자격을 취득한 후에는 어떻게 일자리를 구할 수 있나요?
학교의 Wee클래스에서 근무할 수도 있나요?

10여 년 전에 제가 대학원을 졸업할 당시에는 가능했습니다. 아내 역시 현재 교육청의 Wee센터에서 전문 상담사로 근무하고 있지요. 그러나 시대의 흐름에 따라 바뀌는 부분이 있어 청소년 여러분이 대학을 졸업할 때 쯤에도 가능하다고는 확실히 말씀드리기가 어렵습니다. 그렇지만 상담사가 필요한 곳은 많습니다. 각 지자체에 속한 청소년상담복지센터도 그 중 하나입니다. 각 공공기관에서 특별채용으로 채용되기도 하지요. 저출생 시대에 청소년들은 모두 소중한 존재입니다. 많은 고민을 가진 청소년을 위해 상담사가 해야 할 사명이 크다고 생각합니다.

상담사로 일하면서 '이런 부분은 미리 준비를 해 두면 좋았을텐데.' 생각했던 것이 있으신가요?

책 속에서 소개되었던 심리 관련 도서들을 읽어 보면 좋겠습니다. 학교 내에서 '쏠리언 또래 상담'이라는 프로그램도 참여해 보면 도움이 될 것입니다. 그리고 경청하는 습관을 기르길 바랍니다. 대학원 수업 중에 상담을 하면서 상담사가 더 많은 이야기를 하면 그 상담은 실패라는 이야기를 들은 적이 있습니다. 상담사는 본인이 하고 싶은 말을 하는 사람이 아니라 상대방의 입장에서 공감하며 이야기를 들어주는 사람입니다. 정리하자면 관련 책을 읽어 볼 것, 상대방의 이야기를 잘 들어주고 공감하는 습관을 가질 것. 이두 가지가 되겠네요. 그리고 인간에 대한 가능성을 믿을 것! 마지막으로 이것을 강조하고 싶어요.

상담사가 되고 나서의 일과는 어떻게 되나요? 상담사로서 어떤 하루를 보내시는지 궁금합니다.

주된 업무는 상담입니다. 스케줄이 굳어져 있기보다는 상담을 받기 원하는 분들의 일정에 맞추어 유연하게 운영합니다. 그리고 상담 일지를 기록합니다. 상담 종료 후 가능한 빠른 시일 내 정리하지 않으면 상대방과 했던 중요한 이야기를 잊기도 하기에 메모하고 기록해서 잘 정리해 두는 습관도 중요하다고 강조하고 싶습니다. 주 1회 정도는 사례 회의를 진행합니다. 회의를 통해서 상담사가 진행하는 상담의 방향이 적절한지, 상담을 진행하며 어려움은 없는지 등에 대해 동료 상담사들과 이야기를 나눕니다. 때로는 교육 현장에 나가 심리 검사 해석 교육 등 단체 교육을 합니다.

청소년 진로 상담사의 매력이 무엇이라고 생각하시나요?

청소년들이 변화되어 가는 과정을 곁에서 볼 수 있다는 점이 매력이라고 생각합니다. 어쩌면 과거의 제가 고민했던 것들일 수도 있겠지요? 언젠가 한 후배가 이런 이야기를 하더군요. "나도 청소년기에 상담사가 있었으면 좋겠다는 생각을 해요. 힘들 때 혼자 있다는 것이 괴로웠는데 저를 만나는 학생들이 많은 도움을 받았으면 좋겠어요."

　　상담을 받고 난 후 자신의 이야기를 들어주고, 자신의 편이 되어 주는 사람이 있다는 것 자체만으로도 힘이 난다는 이야기를 들으면 저 역시 힘이 납니다. 누군가를 위해 불을 밝히면, 내 앞이 밝아지는 것처럼 뿌듯함을 느끼는 직업이 아닐까 싶습니다.

마지막으로 청소년 진로 상담사를 꿈꾸는 학생들에게 한마디 부탁드립니다.

삶에는 다양한 사건들이 일어납니다. 내가 예상했던 경우도 있겠지만 그렇지 않을 때도 있겠지요. 중요한 건 사건들을 바라보는 관점입니다. 생각을 조금만 바꾸면 부정적인 생각들도 긍정적으로 바꿀 수 있을 것입니다. 모든 변화는 지금부터입니다.

끝을 알 수 없는 길을 걸으며

한 대학교에서 근무할 때가 생각이 납니다. 당시 저의 주된 업무는 학습법 코칭 및 특강이었습니다. 2시간가량의 학습법 특강 중 빠지지 않았던 부분은 '학습 동기'입니다. 공부를 잘하는 방법에 대해 이야기하면서 버킷 리스트 작업을 함께 하자고 하면 어색해하며 꼭 해야 하냐고 질문하는 학생들도 있었습니다. 그러나 그런 학생들이 조별 작업을 하고 난 뒤 자신에 대해 잘 알게 되어 의미 있었다고 전해 줄 때면 그 뿌듯함을 숨길 수 없었습니다.

청소년과 대학생들에게 공부를 하는 이유를 물었을 때 '좋은 곳에 취업하기 위해서요.'라는 대답을 많이 합니다. 그러나 좋은 곳에 취업한 뒤의 꿈은 애석하게도 없었습니다. 그때마다 학생들에게 제 삶의 비전을 먼저 공유하며, 다음에 만날 때까지 작성해야 할 과제를 주기도 하였습니다. 과제를 통해 변화하는 학생들을 보며 행복했습니다. 타인을 돕고 싶다던 제 직업적 소망과 부합했기 때문이라고 생각합니다.

저는 저의 비전을 직업과 연관지어 생각하고 있습니다. 마냥 노는 것보단 노동을 통해 얻어가는 것들이 많다는 것을 경험을 통해 깨달았습니다. 적지 않은 시간 동안 교육이라는 한 분야에 몸담으며 많은 경험을 쌓았습니다. 또한 몸담고 있는 곳에서 배울 수 있는 것은 '최고의 노력'으로 습득했다는 자신감도 가지고 있습니다.

4차 산업 혁명이라는 단어 아래 평생 직장과 평생 직업이라는 개념이 사라져 가고 있습니다. 그 곳에서 겪을 직업들은 여태 제가 겪은 직업들과는 다른 모습으로 존재할 것입니다. 그래서 저는 많은 이들에게 '신종원'이라는 인물 자체가 하나의 직업적 의미로 각인되기를 희망합니다. 그리고 저의 역량을 통해 더 나은 세상을 만드는 데 기여하는 삶을 살고 싶습니다.

제 영원한 동반자인 아내는 상담 분야에서 약 10년간

몸담고 있습니다. 청소년들의 마음을 참 잘 아는 사람 중 한 명이라고 생각하기에 기회가 된다면 아내와 함께 누구나 쉽게 읽을 수 있는 청소년 관련 상담 사례집을 집필하고 싶다는 생각이 있습니다. 아내와 같은 목표를 두고 결과물을 내고 싶다는 개인적인 마음도 있지만, 부모와의 관계로 인해 상처받는 아이들이 줄어 들었으면 하는 마음이 가장 큽니다. 부모는 아이의 마음을 넓게 껴안을 수 있는 포용력을 지녀야 합니다. 청소년들뿐 아니라 자녀 교육에 어려움을 겪는 분들이 도움을 얻길 바랍니다.

그리고 세계 각지를 떠돌며 교육 관련 사업을 돕고 싶습니다. 대학을 졸업하고 어딘가로 훌쩍 떠나고 싶은 마음에 도착했던 라오스에서 우리나라와는 전혀 다른 아이들의 모습에 눈시울이 붉어진 적이 있습니다. 학교를 가야 할 나이의 아이들이 여행객들에게 금전을 당당하게 요구하는 모습에 안타까움을 느꼈기 때문입니다. 더 넓은 세상에서 자유롭게 활약하며 더 넓은 시선, 더 넓은 마음을 갖추고 싶다는 것이 다음 목표입니다.

그 후 시간이 흘러 교육계의 새로운 흐름을 만들어 보고 싶다는 원대한 목표도 있습니다. 대학원 시절에도 두각을 나타내지 못하였지만, 이루고 싶은 목표인들 크게 잡지 못 할 이유도 없을 것 같습니다. '모든 아이들이 반드시 좋은 성적을 받아야 하는가?'라는 질문을 재용 면접에서 받았을 때 한참을 고민했습니다. 당시 제 답은 '아니요.'였지만, 질문에 질문을 받으면서 머릿속에서 정리되지 않은 답이란 것을 깨닫게 되었습니다.

오래 전부터 새로운 교육 사상에 대한 갈망을 통해서 창가교육학이란 것을 알게 되었습니다. 말 그대로 가치를 창조하는 교육학입니다. 한국에는 아직까지 번역본이 없어 서론을 힘겹게 읽는 데 그쳤지만, 교육 사상을 다듬는 데 큰 도움이 될 것이라고 확신합니다. 그래서 언제 어디서든 당당하게 외칠 수 있는 교육 사상의 정립을 목표로 더 공부해야겠다고 다짐하고 있습니다.

'과연 할 수 있을까?'라는 생각이 들지만, 두려움, 근심, 걱정을 아무리 한들 무슨 의미가 있겠냐고 마음을 먹으며 비틀즈의 〈Let it be〉를 흥얼거려 봅니다. 생각해 보면 제 삶은 계획했던 커다란 틀 속에 수많은 사건들을 만나며 때로는 계획대로 흘러가기도 하고, 때로는 계획에서 벗어나기도 하며 흘러갔습니다. 이번에 글을 쓰게 된 사건이 저에겐 또 다른 큰 의미가 되길 바랍니다. 글이 현실화될 것이라는 생각만 해도 가슴 벅찬 여운이 남습니다.

마지막으로 크나큰 결정을 할 때면 항상 생각하는 프

로스트의 시로 이 글을 마무리하고 싶습니다. 제 삶도 이와 같기를 바라며…….

>   숲속에 두 갈래 길이 있었다고
>   나는 사람이 적게 간 길을 택하였다고
>   그리고 그것 때문에 모든 것이 달라졌다고
>   - 로버트 프로스트, 〈가지 않은 길〉 중

꿈을 찾는 진로 상담소

초판 1쇄 발행 2024년 11월 27일

지은이 신종원
펴낸이 박영미
펴낸곳 포르체

책임편집 김아현
마케팅 정은주 민재영
디자인 황규성

출판신고 2020년 7월 20일 제2020-000103호
전화 02-6083-0128 | 팩스 02-6008-0126
이메일 porchetogo@gmail.com
포스트 https://m.post.naver.com/porche_book
인스타그램 www.instagram.com/porche_book

ⓒ 신종원(저작권자와 맺은 특약에 따라 검인을 생략합니다.)
ISBN 979-11-93584-88-0 (43370)

여러분의 소중한 원고를 보내주세요.
porchetogo@gmail.com